Alwin Bellmann

Rundstück warm mit Schüh

Geschichten und Anekdoten aus dem alten Hamburg

Wartberg Verlag

Bildnachweis:
Alwin Bellmann

2. Auflage 2007

Druck: Steinmeier, Nördlingen
Buchbinderische Verarbeitung:
Buchbinderei Büge, Celle

34281 Gudensberg-Gleichen, Im Wiesental 1
Telefon (0 56 03) 9 30 50
www.wartberg-verlag.de
ISBN 978-3-8313-1380-8

Inhaltsverzeichnis

HAMBURG

Wo viel erzählt wird, da wird auch viel gesponnen. Das ist in Hamburg nicht anders als sonstwo. So stimmt es z. B. nicht, dass der gülden glänzende Turmkranz von St. Katherinen aus dem Goldschatz von Klaus Störtebeker stammt. Es stimmt auch nicht, dass besagter Seeräuber nach der Enthauptung zum Erstaunen seiner Henker noch ein paar Schritte ohne Kopf lief, und falsch ist, dass für den dickleibigen steinernen Bacchus im Eingang zum Ratsweinkeller ein Ratsherr Modell gestanden hat. Richtig hingegen ist, dass das Hamburger Rundstück im Jahre 1623 zum ersten Mal gebacken wurde.

Die Hanseatin aus Korea

Inzwischen wird alles ein bisschen großzügiger ausgelegt, aber so vor sechzig, siebzig oder achtzig Jahren war das überhaupt keine Frage: Wer in Hamburg seinen Wohnsitz hatte, war damit noch lange nicht berechtigt, sich als Hamburger zu bezeichnen, zumindest nicht als echten Hamburger. Da gab es nämlich ganz, ganz feine Unterschiede, mit gleich vier Kategorien.

Zuerst einmal die Zugereisten. Das waren solche, die aus den nördlichen Nachbarländern umzogen nach Hamburg. Dann folgten die „Quiddjes", Neubürger aus Sachsen, Thüringen oder allen Gebieten südlich der Mainlinie. Zur dritten Kategorie zählten alle in Hamburg zur Welt gekommenen Kinder von Zugereisten und Quiddjes. Sie waren dann zwar „gebürtige Hamburger", aber damit immer noch nicht echt.

Die wirklich echten, das heißt die „geborenen Hamburger" mussten auf Eltern, Großeltern und Urgroßeltern beider Richtungen aus Hamburg zurückblicken können. Wobei es übrigens auch noch „echtere" als „echte" gab und gibt. Das sind die, bei denen ein plattdeutsch abgefasster Bürgerbrief des Ur-Ur-Urgroßvaters gerahmt an der Wand des Wohnzimmers hängt.

Äußerlich voneinander zu unterscheiden sind zwar weder die Zugereisten von den Quiddjes noch die Gebürtigen von den Geborenen. Erkennbar allerdings oft an der Sprache, die doch einige Anhaltspunkte für die „Echtheit" liefert.

Wenn zum Beispiel jemand nach einer Theatervorstellung erzählt, er habe im dritten Akt „furchtbar" oder „schrecklich" gelacht, dann ist das mit ziemlicher Sicherheit ein Hamburger. Wenn ein anderer von „hübschen" Mädchen spricht, aber findet, dass rote Grütze „schön" schmeckt, dann ist das auch einer. Und zwei-

1 M.

Bürger-Eyd.

Ick lave und schwöre tho GOTT dem Allmächtigen, dat ick düssem Rahde und düsser Stadt will truw und hold wesen, Eer Bestes söken unde Schaden affwenden, alse ick beste kan und mag, ock nenen Upsaet wedder düssem Rahde und düsser Stadt maken, mit Worden edder Wercken, und efft ick watt erfahre, dat wedder düssem Rahde und düsser Stadt were, dat ick dat getrüwlick will vormelden. Ick will ock myn Jährlickes Schott, imglicken Törkenstüer, Tolage, Tollen, Accise, Matten, und watt sünsten twischen Einem Ehrb. Rahde und der Erbgesetenen Börgerschop belevet und bewilliget werd, getrüw- und unwiegerlick by myner Wetenschop, entrichten und bethalen. **Alse my GOTT helpe und syn Hilliges Wort.**

Johann Sivers
hat obigen Eyd abgestattet.

Actum Hamburg, d. 18ten December 1829.

Handschrift des Inhabers:

Johann Sivers

Auf den kleinen Unterschied kommt es in Hamburg an:
Wer einen solchen plattdeutschen Bürgerbrief aus dem Jahre 1829 seines Ur-Ur-Urgroßvaters besitzt, der ist nicht nur ein geborener, sondern auch noch echter als ein echter Hamburger.

felsohne Hamburgerin ist, wer sich bei trübem Wetter „bregenklöterig“ fühlt, vom „schedderigen“ Mantel ihrer Nachbarin spricht, im Laden nach einem „Feudel“ fragt, Kinder „Gööm“ nennt, einen Wischlappen als „Fahrtuch“ und einen Schrubber als „Leuwagen“ bezeichnet.

Aber, bitteschön, Irrtum vorbehalten, auch bei der Sprache.

Das zeigt, inzwischen sind es 30 Jahre her, der Fall eines Mädchens aus Korea. Fünf Jahre alt war es damals, als ein deutscher Gast versuchte, diese Tochter eines Gastronomen aus Seoul zum Sprechen zu bringen. Aber das Mädchen schwieg, weil es offenbar der deutschen Sprache nicht mächtig war. Als es dann an einem Tisch saß und aß, versuchte der Gast es noch einmal. „Nanu, du isst ja mit einer Gabel und nicht mit Stäbchen.“ Da traf ihn ein Blitz aus dunklen Mandelaugen und aus dem kleinen Mund tönte es: „Weil mich die ollen Dinger ümmer so tüdelig machen, Mönsch.“ Nein, richtig deutsch sprach die Kleine wirklich nicht, aber hamburgisch so perfekt wie ein „geborener Hamburger“.

Merke: Hamburger muss man nicht sein, Hamburger kann man auch werden.

Free Deel in Fietendörp

Wenn man von München sagt, die Stadt sei ein Millionendorf, dann ist Hamburg eine Stadt der Dörfer. Alles nämlich, was rund um den Stadtkern angesiedelt ist, waren einst selbständige Gemeinden, die im Laufe vieler Jahrhunderte nach und nach von der wachsenden Stadt gefressen wurden. Zuletzt, Ende der 30er Jahre, sogar die drei Städte Wandsbek, Harburg und Altona. Die Zerstörungen durch den Bombenkrieg haben zwar auch die Strukturen zerstört, ein gewisses Eigenleben aber führen die einzelnen Dörfer auch als Stadtteile bis heute weiter.

Die Harburger zum Beispiel fahren, wenn sie die City zum Einkaufsbummel besuchen, nach Hamburg, und Eimsbütteler, Eilbeker oder Billstedter fahren in diesem Falle „in die Stadt“. Womit jeder, sicherlich ganz unbewusst, deutlich macht, dass Hamburg eigentlich erst dort beginnt, wo die Dörfer aufhören. Bis zum Ausbruch des Zweiten Weltkrieges war das noch sehr viel ausgeprägter. Wenn ein Barmbeker seine Wohnung wechselte, dann zog er bestimmt nicht nach Eppendorf, sondern von Barmbek nach Barmbek. Auf der anderen Seite zog es einen Eppendorfer nicht ins benachbarte Eimsbüttel. Schon, weil die Menschen dort in dem Ruf standen, etwas „dösig“ zu sein und man ihnen nachsagte, sie seien ständig mit Eimer und Schaufel unterwegs, um auf den Straßen Pferdeäpfel für die Düngung ihrer Gärten zu sammeln. „Was“, musste sich manch Eimsbütteler Junge in anderen Stadtteilen sagen lassen, „aus Eimsbüttel komm du? Und Peerködel sammel du?“

Bei einem Barmbeker, der etwas zu laut sprach, war klar: das war typisch „Barmbek basch“. Die Frauen der vielen Beamten, die in Hamm-Süd wie in einem Nest wohnten, galten als hochnäsig und knickerig, Bewohner des rechten Alsterufers besuchten das „zweitklassige“

linke Ufer nur, wenn sie zu einem Bankett ins Uhlenhorster Fährhaus eingeladen worden waren. St. Paulianer „taugten nicht viel“, und wer noch in einem düsteren Hinterhof des Gängeviertels aufgewachsen war, der sprach darüber besser nicht. Großmutter dagegen, um dies einzuflechten, erzählte es jedem, der es wissen wollte. In der wirklich nicht sehr feinen Speckstraße hatte sie das Licht der Welt erblickt. Ja, und 38 Jahre vor ihr war im Nebenhaus Johannes Brahms geboren worden.

Bei all diesen seltsamen Vorurteilen, die natürlich keiner richtig ernst nahm, sie aber dennoch pflegte, hat es aber auch echte Feindschaften unter den „Dörfern“ gegeben. Einen richtigen Krieg zum Beispiel führten zeitweise die Jungens aus Barmbek gegen die Jungens im damals noch preußischen Wandsbek. Manchmal Hunderte auf jeder Seite, trafen sie sich auf der Dehnhaide, beschossen sich mit Katapulten und fochten mit Zaunlatten gegeneinander. Solange, bis die Udls (Polizisten) kamen, um dieser „zunehmenden Gewaltbereitschaft der Jugend“ Einhalt zu gebieten. Wohlbemerkt, das war vor mehr als 90 Jahren.

Nicht ganz so kriegerisch wirkte sich die Abneigung der jungen Leute aus dem Elbvorort Blankenese gegen die von der Elbinsel Finkenwerder aus. Aber so ganz ohne war das auch nicht. Wenn sich ein Blankeneser am Wochenende entschloss, sein Tanzbein mal in „Fietendörp“ zu schwingen, dann war er gut beraten, sich sein Mädchen mitzubringen. Tat er das nicht und forderte drüben ein Mädchen von der Insel auf, dann stand sofort einer von Finkenwerder vor ihm und erklärte rau und deutlich: „Wi pett use Heuhner sülvenst.“ Womit er zum Ausdruck brachte, dass die Inselmädchen, die er Hühner nannte, den Fietendörper Hähnen vorbehalten waren.

Zeigte sich nun der Blankeneser unbeeindruckt von der Warnung, dann hieß es „Free Deel“. Alle Paare räumten daraufhin die Tanzfläche und überließen sie den beiden Kontrahenten für ihre Auseinandersetzung. Und da gab es denn schon mal ein blaues Auge oder eine blutige Nase, meistens aber beschränkte man sich auf einen Ringkampf. Wer zuerst auf dem Boden lag, war der Verlierer. Für den Blankeneser in diesem Falle ziemlich gleichgültig. Auch wenn er als Sieger feststand, war es für ihn besser, die Insel zu räumen. Er konnte seinen Ärger dann bei den benachbarten Dockenhudenern ablassen. Mit denen standen die Blankeneser nämlich auch im Krieg.

Finkenau

Ganz gleich, ob nun auf der Privatstation eines Professors oder im Vierbett-Zimmer eines Allgemeinen Krankenhauses, wie alle anderen Menschen kamen auch die Hamburger immer nackt zur Welt. Was sie allerdings von anderen unterscheidet: Viele, sehr viele von ihnen erblickten ihre ersten Sonnenstrahlen im Kollektiv. Dafür sorgte die am Ufer des Eilbek-Kanals gelegene Frauenklinik „Finkenau".

Zehn- bis fünfzehn-, und an guten Tagen sogar über zwanzigmal ertönte hier der erste Schrei, und wo zehn Hamburger zusammentreffen, darf man davon ausgehen, dass drei von ihnen von einer Finkenau-Hebamme ans Licht geholt wurden. Nur zweimal in den 87 Jahren ihres Bestehens (von 1914 bis 2001), während des Ersten Weltkrieges und nach den Zerstörungen im Zweiten Weltkrieg, stand die Klinik Hamburgs Müttern nicht oder nur eingeschränkt zur Verfügung. Sonst wurde hier geboren, Tag und Nacht.

Insgesamt verließen in der Finkenau mehr als eine Viertelmillion Kinder das dunkle Verlies im Leib der Mutter. Wenn man diese Zahl hochrechnet und dabei berücksichtigt, dass ja nicht alle Kinder und Kindeskinder der Finkenau-Kinder auch in dieser Klinik geboren wurden, dann hat das Haus am Eilbek-Kanal immer noch für den Nachwuchs einer Millionenstadt gesorgt.

Nicht nur aus allen Stadtteilen, auch aus den Dörfern jenseits der Hamburger Grenzen kamen die werdenden Mütter, so genannte Butenhamburgerinnen, hierher. Und das hatte manchmal, wie ein Beispiel zeigt, seinen guten Grund. Bis in das Jahr 1723 konnte eine Familie ihr Hamburger Bürgertum zurückverfolgen, als ein Sohn mit seiner Frau nach Schleswig-Holstein umzog und sich alsbald das erste Kind ansagte.

Sollte, bei dieser Ahnentafel, dieses Kind vielleicht ...? Nein, es sollte nicht. Als Großvater erklärte, dass er es kaum überleben würde, wenn in der Geburtsurkunde seines ersten Enkelkindes der Name eines holsteinischen Dorfes stünde, gab es keine Diskussion mehr.

Ab gings nach Hamburg, als sich das Kind ankündigte, und Christine kam wie ihre Ur-Ur-Ur-Ur-Urgroßmutter als geborene Hamburgerin zur Welt. In der Finkenau natürlich.

Genau wie etliche Jahrzehnte vor ihr der spätere deutsche Bundeskanzler Helmuth Schmidt. Nackt wie die anderen, also ohne Prinz-Heinrich-Mütze.

Als das Deutsche Reich noch einen Kaiser hatte, im Jahre 1913, entstand dieses Foto einer Barmbeker Knaben-Volksschulklasse. Man kann sicher sein, dass die meisten dieser Jungen das Licht der Welt in der nahen „Finkenau" erblickten.

Hamburger Rundstück

Länger als 350 Jahre gehörte es auf jeden hanseatischen Frühstückstisch, inzwischen ist das Hamburger Rundstück ein Opfer moderner Backtechnik geworden. Knusprig und goldgelb, mit zerrissener Kruste wie die Ölfarbe auf alten Gemälden, präsentierte es sich zum ersten Mal im Jahre 1623 neben Abbelaten, Struwen, Krullkoken und Eierbrot in den Bäckereien an Alster und Elbe.

Wirklich rund war das neue Backwerk damals noch, erst im späten 18. Jahrhundert erhielt es eine ovale Form, blieb aber dennoch das Rundstück über die Jahrhunderte. Und kein Hamburger kam je auf die Idee, von seinem Bäcker Brötchen zu fordern. Er kaufte Rundstücke.

„Aber solch ein Rundstück“, weiß ein alter Bäckermeister, „muss von Hand geformt und in einem mit Kohle oder Holz beheizten Ofen gebacken werden, damit es wirklich ein Rundstück ist.“ Die moderne Backtechnik schafft es nicht, und deshalb knistert es auch leider nicht mehr, wenn die Hanseaten morgens in ihre Brötchen beißen.

Vier Rundstücke für einen Groschen gab es während der 20er und 30er Jahre des vorigen Jahrhunderts, und an vielen Hamburger Haustüren hingen frühmorgens weiße, oftmals bunt bestickte Leinenbeutel, die von fleißigen Bäckerboten rechtzeitig vor dem Frühstück mit Rundstücken gefüllt wurden. Gleich, nachdem der Milchmann seine mit einem Pappdeckel verschlossene, mit frischer Vollmilch gefüllte Flasche vor die Tür gestellt hatte. Mit einer Schott'schen Karre schob er damals mit seinem Produkt der Kuh von Haus zu Haus. Weder die Lieferung der Milch noch die der Rundstücke kostete den Kunden einen Pfennig extra.

Wichtig waren beide Dinge zusammen damals vor allem für die vielen zahnlosen Urgroßmütter. Wenn sie ihr Rundstück nicht in den Morgenkaffee stippten, dann bröckelten sie es wie Zwieback in gesüßte, heiße Milch und löffelten das Frühstücksbackwerk. Rundstücke waren eben vielseitig verwendbar.

Im 18. Jahrhundert dickten die Hamburger damit ihre „Mulje“, ein aus verschiedenen Obstsorten bestehendes Früchtemus, an, und selbstverständlich waren alte Rundstücke nach dem Einweichen neben Beefsteakhack, Ei und Zwiebeln ein wichtiger Bestandteil der Hamburger Frikadelle. Hamburger Gastwirte taten dabei, was die Rundstücke anbelangt, manchmal etwas zu viel des Guten. Erwin Saalfeld, singender Hamburger Wirt, hat dieses Mischungsverhältnis in einem Lied festgehalten:

„Fofftein ole Rundstück
und een halves Achtel Hack“,

sang Erwin zur Freude seiner Zuhörer.

Nur in einem Fall wechselte das berühmte Rundstück seinen Namen. Wenn die mit Butter bestrichenen Hälften zum Verzehr mit einer Scheibe Schwarzbrot bedeckt wurden, dann wurde es zum „Hamburger Butterbrot“.

Ein Zufall schließlich machte das Rundstück auch noch zu einer warmen Mahlzeit, wobei es für die Entstehungsgeschichte zwei Versionen gibt. Die Fassung. die ich kenne, lautet:

Als im bekannten Bierhaus Heckel an der Ecke Reeperbahn und Hamburger Berg die Köksch (Köchin) krank geworden war, erfand Gastwirt Heinrich Heckel im Jahre 1904 „Rundstück warm mit Schüh“ als Verlegenheitslösung für seine Gäste. Dagegen berichtete Herr Carsten Siemers, bei der Köchin habe es sich um seine Urgroßmutter gehandelt, die mitnichten krank gewesen sei. Vielmehr war es Telsche Graefe, die, als die Kartoffeln ausgingen und wichtige Gäste erwartet wurden, die Brötchen vom Vortag nahm, mit einer Scheibe Braten belegte, eine Gewürzgurke darauflegte und mit einer kräftigen heißen Bratenschüh (Sauce) verfeinerte.

Nun, ganz gleich wer das neue Gericht erfunden hat, die Gäste waren begeistert. Nicht einmal Coca-Cola ist in Hamburg so schnell bekannt geworden wie dieses Zufallsgericht. Jahrzehntelang fehlte es in Restaurants und Gaststätten auf keiner Speisekarte. Mit Mehrkornbrötchen kann man das nicht machen. Schade zwar, aber es hat eben alles einmal ein Ende, auch das Rundstück.

Birnen mit Bohnen und Speck

Der Dichter Heinrich Heine hat es auf den Punkt gebracht. „Hamburg", berichtet er in seinen Memoiren des Herrn von Schnabelewopski, „ist die beste Republik. Seine Sitten sind englisch und sein Essen ist himmlisch. Über Religion, Politik und Wissenschaft sind ihre respektiven Meinungen sehr verschieden, aber betreffs des Essens herrscht das schönste Einverständnis. Die Hamburger sind gute Leute und essen gut."

Bei den hanseatischen Männern, weiß Heine, seien die Esswerkzeuge besonders ausgebildet, und bei den Hamburgerinnen träfe Gott Amor mit seinen Liebespfeilen statt des Herzens eher den Magen. Seinerzeit haben die Hamburger dem Poeten diese Aussage sehr übel genommen, inzwischen aber wissen sie, dass Heine ihrer Stadt mit seiner Charakterisierung Hamburgs in den berühmten „Memoiren" ein Denkmal gesetzt hat. Und deshalb haben sie auch ihm eines gesetzt, und zwar dort, wo einst der Kaiser stand, nämlich auf ihrem Rathausmarkt. Allerdings erst 50 Jahre nachdem ein erstes Denkmal des jüdischen Dichters aus politischen Gründen eingeschmolzen worden war.

Und die Hamburger essen immer noch gern und gut. Wobei sich allerdings der Geschmack gewandelt hat. Das von Heine so geliebte Hamburger Rauchfleisch spielt keine Rolle mehr, und die Mockturtlesuppe, mit der nach seiner Meinung die häufigste Krankheit der Hamburger, nämlich Magenbeschwerden, geheilt wurde, ist auf keiner Speisekarte mehr zu finden. Nun, Speisekarten haben auch vordem bei den Hamburgern nur wenig Interesse gefunden.

Lediglich eine privilegierte Minderheit konnte es sich während der Kaiserzeit und auch in den 20er und 30er Jahren leisten, im Wein-Restaurant „Ehmcke" am Gänsemarkt die feine Schildkrötensuppe „Lady Curzon"

Sonntag, den 27. Juni, Renn-Soupers à 3 Mark von 9 bis 11 Uhr.

Ausländische Gemüse

Artischockenböden mit Mark	1.—
Cardon bordelaise	1.—
Gestobte Champignons	1.20
Tomaten gefüllt	1.—
Haricots verts	0.50
1 Artischocke sauce Hollandaise	1.20

Deutsche Gemüse

Junge Erbsen	0.60
Spinat	0.50
Neue Vierländer Schnittbohnen	0.80
Carotten	0.50
Blumenkohl	0.50
Pfefferlinge	0.50

Kartoffeln

Frische Kartoffeln	0.20
Bratkartoffeln 0.25, Neue gestobte Kartoffeln	0.30
Pomes frites 0.40, pailles 0.40, Chipped potatoes	0.40
Lyonaise 0.25, à la maitre 0.30, princesse	0.30

Süsse Speisen

1/1 **Pfirsich nach Archibald**	2.—
1/1 **Pfirsich nach Orlianka**	2.—
Gefrorene Birnen nach Cleopatra	1.—
Kirsch-, Stachelbeer-, Esperance-Torte	0.30
Stradella-Törtchen	0.50
Vacharin Belle Jeanette	0.60
Pfirsich Pompadour	0.75
Eis-Schokolade 0.75 Gemischtes Eis	0.50
Eis- oder Rahm-Baisers	0.50
Eistörtchen auf Ratskeller-Art	0.60
Eisfrüchte mit Champagner	1.—
1 Tasse Mocca-Eis auf Ratskeller-Art	1.—
Bisquits und Cakes	0.50

Eingemachtes Obst

Californische Pfirsiche, Birnen, Aprikosen	a 1.—
Ingber	1.—
Reineclauden	0.60
Mirabellen 0.50, Kirschen	0.50
Catharinen-Pflaumen	0.40
Kronsbeeren	0.40
Johannisbeergelée	0.60

Salate

Gurken-	0.60
Tomaten-	0.60
Bohnen-	0.40
Kopf-,	0.40
Kartoffel- 0.30, Mixed pickles	0.50
Franz. Cornichons	0.50
Salzgurken	0.20

Diverse Käse

Fromage de Brie	0.60
Roquefort 0.60, Chester 0.60, Thüringer	
Gorgonzola 0.60, Camembert 0.60, Eidamer	0.50
Alter Holländer	0.60
Gervais 0.60, Schweizer	0.50
Frischer Holländer	0.40

Warme Käsegerichte

Welsh rarebit	0.75
Chester-Kakes	0.50
Käsestangen	0.50
Engl. Buttertoast	0.50

Frisches in- und ausländisches Obst

Pfirsich pr. Stück 0.40, 0.50 und	0.80
Amerikaner-Aepfel nach Grösse.	
Ananas	1.—
Vierländer Erdbeeren	0.60
Kirschen	0.50
Aprikosen	0.15

Kalte Speisen

Ger. Rheinlachs mit Butter und Brot	2.—
Ochsenzunge " " "	1.50
Gekochter Schinken " " "	1.30
Rauchfleisch " " "	1.40
Kalbsbraten " " "	1.30
Roastbeef " " "	1.20
Räucheraal " " "	1.30
Kalter Aufschnitt " " "	1.50
Sardellen mit Oliven	1 —
Schwedische Gabelbissen	0.75
Delikatess-Heringe	0.75
Sardinen pr. Stck.	0.30
Hasenpain mit Butter und Brot	1.—
Getrüffelt. Schnepfenpain mit Butter und Brot	1.—
Straßburger Gänseleberpastete	1.60
Gänsebrust mit Butter und Brot	1.60
Roher Schinken mit Butter und Brot	1.50
Pumpernickel mit Butter	0.30
Radieschen mit Butter	0.40
Remouladensauce	0.40

Brötchen mit:

rohem Schinken	0.50
Lachs	0.75
Kalbsbraten	0.50
Ochsenzunge	0.60
Roastbeef	0.50
Wurst	0.40
gekochtem Schinken	0.50
Rauchfleisch	0.50
Schweizer Käse	0.30
Eidamer	0.40
altem Holländer	0.40
frischem Holländer	0.30
Chester	0.50
Gorgonzola	0.50
Roquefort	0.50
Camembert	0.50
Tatarfleisch	0.75

Pikante Salate

Italienischer-	0.60

Kaffee

1 Tasse Kaffee	0.30
1 Tasse Mocca (in der Kanne)	0.50
1 Tasse Mocca double (in der Kanne)	0.75
1 Tasse Thee	0.30
1 Portion Thee	0.75
1 Glas Milch	0.20
1 Tasse Chokolade	0.40
1 Tasse Kakao	0.40

zu genießen, bei „Schümann“ am Jungfernstieg Austern zu schlürfen oder sich bei „Cölln“ an den Brodschrangen ein „Husumer Mastochsensteak“ servieren zu lassen. Für die große Mehrheit der Bevölkerung reichte es aus wirtschaftlichen Gründen gerade mal für eine Hamburger Knackwurst und „Rundstück warm“ in der Eckkneipe oder für ein übrigens delikates gebackenes Rotbarschfilet mit feinstem Kartoffelsalat in einer der Fischbratküchen von „Daniel Vischer“.

Erst in der zweiten Hälfte des vorigen Jahrhunderts konnten es sich mehr und mehr auch die Normalverdiener leisten, außer Haus zu essen, und in Hamburg schossen die Restaurants wie Pilze aus dem Boden. Vordem aber wurde zu Hause gekocht und zu Hause gegessen. Dabei hatten die Hamburger immer einen sehr eigenen Geschmack. Sie liebten es „süß“ und sie liebten es vor allem „süß-sauer“.

Zur Sommerzeit standen sehr oft Fruchtsuppen auf dem Programm. Man aß Fliederbeersuppe mit Äpfeln und Klößen, mit Zimtstangen gewürzte Sauerkirsch-Suppe auf Grießpudding, Aprikosen-, Apfel- und Pflaumensuppe. Und natürlich die berühmte Hamburger „rote Grütze“, zubereitet nur aus dem Saft von Himbeeren und Johannisbeeren oder zur Erdbeerzeit aus Rhabarbersaft und gezuckerten Erdbeerstücken. Etwas seltener gab es auch grüne Stachelbeer- und Apfelgrütze. Unsere Großmütter wussten dabei ganz genau, dass für eine gute Grütze immer nur Früchte verwendet werden durften, die einander im Aroma ergänzten. Ein Zusatz von Sauerkirschen beispielsweise tat ihren Geschmacksnerven weh.

Und nun zum Süß-Sauren. Dicke Linsen oder Linsensuppe, auf geräuchertem Speck mit Wurzeln und Suppengrün gekocht, erhielten ihren Geschmack natürlich durch den Zusatz von Essig und Zucker. Zu geschälten, in einer Mischung aus Essig, Wasser und Zucker gegarten Birnenhälften, zu denen man Klöße reichte, gehörten als Tüpfelchen auf dem „i" in der Pfanne ausgelassene Würfel von durchwachsenem Rauchspeck.

Eingespart wird der Essig bei den berühmten Hamburger Birnen mit Bohnen und Speck. Hier geben die kleinen, eingestochenen und zusammen mit den Bohnen und dem Speck gegarten Birnen den süß-sauren Geschmack. Bei der sehr feinen, auf einem Katenschinken-Knochen mit jungem Gemüse und einem Kräuterbund gekochten „Sauren Suppe" sorgt Backobst (getrocknete Pflaumen, Birnen und Aprikosen) für das säuerliche Aroma. Übrigens: Wenn man in diese Suppe ein paar Aalstückchen wirft, hat man die bekannte Hamburger Aalsuppe.

Noch etwas Süß-Saures? Ja. Seit mehr als 100 Jahren serviert die Küche des Hamburger Ratsweinkellers in der Vorweihnachtszeit Gänsekeulen. Süß-sauer natürlich und mit Rotkohl.

Dies an dieser Stelle als Auswahl für die Essgewohnheiten der Hamburger. Man könnte natürlich ein ganzes Buch darüber schreiben. Über gesüßte Buttermilch mit Zwieback, über das „Errötende Mädchen", den „Großen Hans", über Grützwurst mit Rosinen, dick gekochten Buchweizen mit Zucker und Milch, Buttermilchsuppe mit Birnen und Klößen und natürlich das Labskaus, dieses seltsame Mus aus Pökelfleisch, gewiegten Zwiebeln, zerstampften Kartoffeln und Roten Beten. Ob da auch noch ein pürierter Salzhering in die Mischung gehört, darüber streiten sich die Gelehrten, seit es Labskaus gibt. Nur so viel: Wenn Labskaus schön rot leuchtet, hat der Koch mit Roten Beten nicht, sehr wohl aber mit dem Pökelfleisch gespart.

Hamburg, dies abschließend, sei, wie Feinschmecker immer wieder sagten und auch heute noch sagen, mit seiner eigenen Küche kulinarisches Niemandsland. Der letzte deutsche Kaiser hat das besser gewusst. Anlässlich eines Hamburg-Besuchs schmeckte ihm das Menü in den damals sehr feinen Gaststätten des Hauptbahnhofs so gut, dass er den Restaurant-Direktor Konrad Jäger nach dem Dessert spontan zum Kommerzienrat ernannte. „Willem Zwo" verstand ja sonst nicht viel, aber vom Essen, sagt man, soll er was verstanden haben.

Eine Speisekarte des Hamburger Ratsweinkellers aus der Kaiserzeit. Zu Weihnachten wurde hier ganz selbstverständlich die „Gänsekeule süß-sauer" angeboten. Und das ist bis zum heutigen Tag so geblieben.

Schrumpfkopf, Aal und belgische Rammler

Emma, die Möwe, sitzt auf dem Dalben und döst. Der Himmel hängt tief über dem Strom, tintenschwarz glänzt das Wasser, schwappt gluckernd gegen Kaimauern, schiebt sich träge an den Pontonwänden entlang. Aus Nordwest weht der Wind, drei Uhr schlägt es herüber vom Michel. Emma auf dem Dalben blinzelt.

Unweit von Puffer-Rudis „Hafentreppe“ schlägt Marlene aus Barmbek fröstelnd den Mantelkragen hoch, klemmt sich ihr kleines Handgepäck unter den Arm, stakst auf müden Beinen über das Pflaster. Feierabend für „Bordsteinschwalben“. Keine Chance mehr für liebeshungrige „Barone“ und trunkene „Kuddeldaddeldus“.

Auf dem Fischmarkt, zwischen Hafenstraße, Pinnasberg und Elbe beginnt an diesem frühen Sonntagmorgen ein Kulissenwechsel. Dort, wo Marlene ihre Zelte abbricht, wartet man nun auf bulgarische Tomaten, kanadische Aale und Schrumpfkopf-Imitationen aus den Anden.

Kleines Gerangel noch seitlich der „River-Kasematten“. Taucht ein Mann aus dem Dunkel auf, schiebt sich ran an Marlene. Aber, nichts geht mehr. „Mensch, hau bloß ab.“ – „Fofftein“ für Liebe. Emma auf dem Dalben gähnt.

Derweil dampft in der Husumer Norderstraße auf dem Wohnzimmertisch hinter Raffgardinen bei Krabbenhändler Hauke der Kaffeepott. In Winterhude schrillt ein Wecker, in Eilbek schrillt ein Wecker, auf der Uhlenhorst, in Wandsbek, Harburg und Bremen. Sonntag früh. Tag für Fischmarkt-Händler. Müde schiebt Frau Meta in Altengamme das Deckbett zurück, steht auf, schlurft auf „barfen“ Füßen gähnend ins Bad. „So’n Schiet“, schimpft Grünhöker Alfred aus Hamm, im benachbarten Horn

Ein skeptischer Blick: Na, ob das Zeug auch wirklich echt ist? Nicht alles nämlich, was neben Kitsch und Trödel als „antik" auf Hamburgs Fischmarkt am Sonntag angeboten wird, kann der Prüfung durch einen Experten standhalten.

dreht Bananen-Heinrich das Radio an. Zweieinhalb Stunden noch, dann geht es los.

Hamburger Fischmarkt in Altona. Jeden Sonntag, den Gott werden lässt, seit mehr als 300 Jahren. Krammarkt, Grünmarkt, Kitschmarkt. Mischung aus Marché aux puces, Petticoat-Lane und Portobello-Road. Einmalig in der Bundesrepublik, einmalig in Europa.

Seit 1703 hat sich hier die Marktordnung kaum verändert. Von April bis September darf auf dem 20 000 Quadratmeter großen Gelände von 6 Uhr bis 9.30 Uhr, in den übrigen Monaten von 7 Uhr bis 9.30 Uhr verkauft werden. Wenn in Hamburg die Kirchenglocken zum Sonntags-Gottesdienst läuten, dann gibt es keinen Apfel, keinen Fisch und keine Banane mehr. So hat es am 2. Mai 1703 der Magistrat von Altona festgesetzt, als er den Fischern das Recht zum Sonntagsverkauf einräumte, und so ist es geblieben.

Emma auf dem Dalben hebt den rechten Flügel. Vom Michel schlägt es vier Uhr, im Sex-Club an der Hafenstraße dreht sich der Schlüssel im Schloss. Die Nacht ist zu Ende. Zwischen Schlachterbuden, St.-Pauli-Fischmarkt, Großer Elbstraße und Fischmarkt beginnt der Tag.

Als Erster rückt mit seinen Helfern der Marktmeister an. „Derselbe muss des Morgens, wenn der Markthandel beginnt, auf dem Markte gegenwärtig sein und auf demselben verbleiben, solange jener dauert." So sagt es eine Verordnung aus dem Jahre 1870.

Während Emma vom Dalben abhebt und zur Verwandtschaft nach Waltershof entschwebt, krempeln die Männer vom Amt die Ärmel auf, greifen nach den Verkehrsschildern, bauen sie auf, hierhin und dorthin, weil es ohne Ordnung nicht geht bei aller Unordnung des Marktes.

Gegen fünf Uhr rollen die ersten Wagen der Händler an. Programmierter Aufgabenbereich für die Markthelfer und ihren Meister: Zuweisung der Plätze, Erhebung der Gebühren, Überprüfung der Marktstände aus lebensmittelrechtlicher Sicht, Überprüfung der Waren und Handelsklassen.

Ohne Amt geht's eben nicht – ohne Amt ging es noch nie. Wehe dem Fischhändler, der es im Jahre 1703 gewagt hätte, Heringe auf den Markt zu tragen, die nicht mindestens zehn Tage lang im „ersten Pökel" gelegen hatten; denn einem nicht ausreichend gepökelten Hering, dem wurde „syn natürlicher Schmack und Teer (Bekömmlichkeit) genahmen, ock allerhandt Kranckheit verohrsaket, dat he dadörch in Verachtung kummt".

Emma ist aus Waltershof zurückgekehrt. Mit Familie und reichlichem Anhang; denn am Anleger haben inzwischen, randvoll mit Schollen und Butt, die Altenwerder Kutter festgemacht. An den Landungsbrücken spuckt die U-Bahn die ersten Fischmarkt-Kunden aus. Von der Reeperbahn kommen mit männlichen „Resten" die Schönen der Nacht.

Bananen-Heinrich ist schon voll im Einsatz. Greift in die Kartons, zieht die langen gelben Früchte bündelweise raus. Bietet an „für drei Mark, für zwei Mark, für eine Mark“. Legt noch zwei Bananen drauf, und noch drei. „Heut verschenk ich den Kram“, schreit Heinrich, und dann knipst er vom Bündel schnell drei Früchte ab und lässt sie zurückfallen in den Karton. Nee, Heinrich hat nichts zu verschenken.

Etliche hundert Händler besuchen Sonntag für Sonntag den Markt. Die meisten von ihnen sind Erzeuger aus den Obst- und Gemüseanbaugebieten der Hansestadt, andere wieder echte Sonntagshändler und die Übrigen gewerblich Ambulante. Auf dem Fischmarkt darf jeder fast alles verkaufen, ohne Ausweis oder Gewerbeschein. Die Händler kommen aus Bremen und Lübeck, aus Husum und Flensburg, aus Hannover, Oldenburg, Neumünster, aus Den Haag und Amsterdam. Ölgemälde neben Grünkohl, senegalesische Masken neben Altländer Äpfeln, Aal, Lachs, Würstchen, Antiquitäten, Gewürzen, Kartoffeln, Blumen, Orangen, Clementinen, Mangofrüchten, Gurken und Papayas. Enten, Gänse, Hähne, Hennen, Küken, Belgische Rammler, Meerschweinchen, Wellensittiche, weiße Mäuse und Puppen aus Hongkong, die „Pipi“ machen können.

Bude an Bude, Händler neben Händler, Gelaufe, Gedränge, Geschiebe. Familienausflug mit Kind und Kegel. Emma auf dem Dalben stellt sich wie eine Diva den Fotografen.

Stimmengewirr. „Nee, so’n Foto nich, Emil. Du musst ihr mal im Fliegen knipsen.“ – „Komm bloß weg von dem Gegröle hier. Da werd ich ja ganz bregenklöterich, werd ich davon.“ – „Kuck doch hin, wo du hintrittst, Karl-Otto. Siehstuwoll, nu liecht dein Lolli in Dreck.“ – „Immers diese unanständigen Bücher, Paul. Igittegitt, was ihr Männer da bloß an habt.“

Mehr als 100 000 Besucher werden an jedem Sonntag zwischen Schlachterbuden und Großer Elbstraße gezählt, und die Umsatzzahlen sind dementsprechend. Die Zahl der verkauften Würstchen und Fischbrötchen geht in die Tausende, und nicht zu zählen sind die kleinen „Lütten“, die von der Kömflasche in die Kömgläser fließen.

Und Bier, Bier, Bier ... In über zehn Kneipen fließt es aus den Hähnen. „Full house“ in der Hafentreppe, bei Niemann, in der Seekiste, im Fischerhaus, bei Fick und Eier-Corl. Leierkastenmusik und singende Säge draußen, Musikbox und Quetschkommode drinnen. „... rolling home across the sea“, „blow, boys, blow.“

Ja, auf dem Fischmarkt, da wird der Kehlkopf geölt, da geraten die Adamsäpfel ins Schwimmen.

Emma vom Dalben hat einen Hering erwischt – im Sturzflug. Sch...t einem Polizisten noch schnell auf die Mütze. Die gibt es hier nämlich auch, von wegen der öffentlichen Sicherheit und Ordnung. Viel zu tun haben die Hüter der Obrigkeit meistens nicht. Mal ein Diebstahl, mehr Trunkenheit, und dann die obligatorische Sonntags-Fischmarkt-Schlägerei.

9.30 Uhr, Schluss und aus. Die Kirchenglocken läuten, die Möwen sind satt, einige Männer voll. Emma sitzt wieder auf dem Dalben und döst.

Gottvater

Dem ehemaligen Schah von Persien soll die Sache gar nicht so recht geschmeckt haben, aber genützt hat ihm das nicht. Wie vor ihm alle gekrönten Herren und Staatsoberhäupter, die Hamburg besuchten, wurde auch er nicht in der Halle des Rathauses begrüßt, sondern musste die Treppe hinaufsteigen ins Senatsgehege, ehe ihm der Bürgermeister die Hand reichte und ihn in der Stadt willkommen hieß. Damit wurde dem Schah und allen anderen freundlich, aber bestimmt erklärt, dass Hamburgs „Erster" gleichberechtigt steht neben allen Fürstlichkeiten dieser Welt. Eine Ausnahme von der Regel gab es natürlich bei Damen. Der englischen Königin kam der „Erste" entgegen.

Weil er eine Treppe zum Bürgermeister hinaufsteigen musste, um begrüßt zu werden, war der Herrscher des Iran anfangs ein wenig verschnupft. Am Elbanleger „Teufelsbrück" war er dann, wie das Bild von 1967 zeigt, später wieder gut gelaunt.

Der hanseatische Stolz setzt sich fort im Rathaus selbst. Wer in den großen Festsaal tritt und auf das die Christianisierung der Germanen darstellende Wandgemälde blickt, stellt mit Erstaunen fest, dass Erzbischof Ansgar nicht einen Menschen, sondern den Waldboden segnet. Das war keineswegs immer so. Auf dem Boden kniete nach Fertigstellung des Bildes ein germanischer Ur-Hamburger vor der Geistlichkeit. Aber das konnte man natürlich so nicht hinnehmen. Weil ein Hamburger vor nichts auf der Welt in die Knie geht, musste Künstler H. Vogel noch einmal zum Farbtopf greifen und den Knieenden übermalen.

Wer wirklich und allein anerkannt wird in dieser Stadt, das macht das Sitzungszimmer des Senats deutlich. Hier gibt es keine Seitenfenster, das Licht fällt durch ein gläsernes Dach auf Tisch und Senatorensessel. Eben, weil es über Hamburg nur den Himmel gibt und den Herrgott. Ob der liebe Gott selbst das auch weiß und ob er je durch das Glasdach auf Hamburgs Regierung geblickt hat, ist dabei ungewiss. Nur eines ist sicher: Eine Zeit lang hat „Gottvater" auf dem Stuhl des Hamburger Bürgermeisters gesessen. So nämlich nannten, heimlich oder ganz offen, seine Senatskollegen Professor Herbert Weichmann, hanseatischer Regierungschef von 1965 bis 1971. Als Erster Bürgermeister war er zwar nach der hamburgischen Verfassung nur Erster unter Gleichen, konnte die Richtlinien der Politik also nicht allein bestimmen, nötigte aber durch seine Erscheinung, sein Auftreten und sein Wissen allen einen solchen Respekt ab, dass er deshalb immer ein wenig gleicher war als die Gleichen.

Wenn einer der Senatoren zu spät zu einer Senatssitzung erschien, blickte „Gottvater" kurz auf den Ankommenden, anschließend auf seine Uhr und setzte dann die Sitzung fort. Dabei fiel kein kritisches Wort. Die Geste reichte, den Verspäteten für die nächste Zeit an

Pünktlichkeit zu gewöhnen. Als überzeugter Demokrat musste „Gottvater“ natürlich auch Widerspruch hinnehmen. Aber er duldete ihn nachweislich nicht gern.

Weichmann war weder geborener noch gebürtiger Hamburger, er stammte aus Landsberg in Oberschlesien. 1933, er war Referent des Ministerpräsidenten im preußischen Staatsministerium, hatte er als Jude Deutschland verlassen müssen. Mit seiner Frau, Dr. Elsbeth Weichmann, floh er nach Frankreich und später über Spanien und Portugal in die USA. Dort erwarteten ihn schwere Jahre, ehe er sich etablieren konnte. Zeitweise musste Frau Elsbeth die Familie mit Flickschneiderei und dem Nähen von Puppen ernähren.

1948 schließlich bat ihn Hamburgs erster nach dem Kriege gewählter Bürgermeister Max Brauer in die Hansestadt. Weichmann kam, und Weichmann blieb. Obwohl in New York inzwischen in sicheren Verhältnissen und trotz des Schrecklichen, das man ihm und seinen Mitjuden angetan hatte, stellte er sich dem in Trümmern liegenden Hamburg zur Verfügung. Und seine Frau zog mit.

Weichmann war anschließend Präsident des Rechnungshofes, dann Finanzsenator und schließlich nach dem Rücktritt seines Vorgängers Dr. Paul Nevermann Erster Bürgermeister der Freien und Hansestadt. „Für den Übergang bis zur nächsten Wahl, weil kein anderer da ist“, meinten damals Hamburgs Sozialdemokraten. Aber da kannten sie „Gottvater“ schlecht. Er hatte sich zwar nie nach dem Amt gedrängt, aber er füllte es dann aus wie kaum ein anderer vor ihm. Bei der nächsten Wahl kam man um ihn gar nicht herum, und er bescherte seiner SPD die absolute Mehrheit.

Wie alle Großen war natürlich auch Herbert Weichmann nicht ohne kleine Fehler. Wegen seiner sprichwörtlichen Sparsamkeit bezeichneten ihn in Hamburg viele auch als „Pennschieter“, also als Geizkragen. Und tatsächlich drehte „Gottvater" jeden Pfennig dreimal um, ehe er ihn ausgab. Das bezog sich, gut für Hamburg, auf den staatlichen Haushalt, aber wohl auch auf den privaten Bereich. Nur selten begab sich Weichmann zum Essen in den Ratsweinkeller. Meistens ließ er sich von einem nahen Stand ein paar Würstchen ins Rathaus kommen. Das war ganz einfach preiswerter als ein Börsengericht.

Er hasste unnütze Ausgaben und er reagierte allergisch auf alles, was er Verschwendung nannte. Das mussten, um ein Beispiel zu nennen, zwei seiner Senatskollegen schmerzlich erfahren. Zusammen mit ihrem Bürgermeister fuhren sie mit der Bundesbahn nach Bremen, und unterwegs im Abteil wurde verabredet, in der Nachbarstadt erst einmal ordentlich zu Abend zu essen. Als der Zug sich aber Bremen näherte, meinte „Gottvater", dass man sich dieses Essen doch sparen sollte. Ein paar Würstchen im Wartesaal täten es auch. Kein Widerspruch – besser nicht.

In Bremen dann musste der „Erste" noch mal den Waschraum aufsuchen. „Geht ihr man schon vor", bedeutete er seinen Kollegen, „und sucht im Wartesaal einen Platz. Ihr dürft euch auf meine Kosten schon einen Drink bestellen." Oho, das gab es nicht alle Tage, und so orderten die zwei Senatoren jeder einen halben Liter Bier und einen doppelten Korn. Das hätten sie besser nicht tun sollen. Als Weichmann nämlich die vier Gläser auf dem Tisch sah, zahlte er zwar anstandslos die Zeche, aber mit den beiden Kollegen sprach er an diesem Abend kein einziges Wort mehr. Da war er, sonst so freundlich und liebenswert, hart in der Sache.

Natürlich wusste er sehr gut, dass man ihn für geizig hielt, und ein bisschen pflegte er deshalb seine Sparsamkeit. Als er einmal einen ihm bekannten Journalisten im Foyer der Hamburger Staatsoper um eine Zigarette bat und ihm sofort die Schachtel hingehalten wurde, da nahm Herbert Weichmann zwei. Dabei kniff er das linke Auge und erklärte freundlich lächelnd: „Eine für die Pause.“ Sein unwiderstehlicher Charme in diesem Falle, der war schon zwei Zigaretten wert.

Als „Gottvater“ 1983 verstarb, da trugen die Hamburger einen ihrer besten Bürgermeister zu Grabe. Einen, der immer an sich selbst zuletzt gedacht hatte, der wirklich ein erster Diener seines Staates war.

„Den harrst man beter griepen schullt“

Immer dann, wenn für Spätherbst und Winter die Jagd auf Fasan, Dam- und Niederwild freigegeben wurde, dann lud Hamburgs Senator für Ernährung, Land- und Forstwirtschaft ein zur traditionellen Senatsjagd. Im Wald von Hoisbüttel oder auch im großen Segeberger Forst trafen sich dann neben einer Reihe von Journalisten Männer und manchmal auch Frauen aus Wirtschaft und Politik. Keineswegs alles Jäger, sondern in der Mehrheit Jagdbegleiter, die einen Tag in frischer Waldluft, eine kräftige aus der Küche der offenen Strafanstalt Alt-Erfrade gelieferte Erbsensuppe und das abendliche Schüsseltreiben genossen. Ein fröhlicher Tag also und dabei niemals ein blutiger Tag, weil die meisten Tiere des Waldes den Ansturm dieser Jagdgesellschaft überlebten.

Einer der wirklichen Jäger dabei war über viele Jahre Jupp Schippers, Hamburgs Jahrmarktskönig und als Besitzer von Achterbahn, Auto-Scootern und Würstchenbuden stimmgewaltiger Vorsitzender aller organisierten hanseatischen Markthändler. Nicht nur durch seinen Beruf unterschied sich Schippers von den anderen Jagdteilnehmern, sondern auch durch sein „Outfit“. Jupp nämlich trug einen Anzug, der an die Grünröcke in alten Märchen oder im Struwwelpeter erinnerte. Besonders hob er sich ab vom vollbärtigen Gewehrträger des Immobilienmaklers Carl. C. Franzen, der jedesmal so aussah, als sei er für diese Senatsjagd frisch eingekleidet worden.

Ein Leben lang, das wusste jeder, wurde Schippers von der Göttin Fortuna huldvoll begleitet, aber Diana versagte sich ihm. Als er einmal mehr als 200 Meter durch tiefen Schnee stapfte, um einen Hasen, von dem er mein-

Wie bei anderen Treibjagden wurde auch auf Hamburgs Senatsjagd eher mehr getrunken als geschossen, wie dieses Foto mit Senator a. D. Prof. Dr. Wilhelm Nölling (Mitte) beim Kreisen eines Flachmanns zeigt.

te, ihn erlegt zu haben, aus einer Ackerfurche zu ziehen, da hielt ihn Mümmelmann zum Narren. Als Jupp nur noch zwei Meter von seiner Beute entfernt war, sprang der „tote“ Hase auf und machte sich davon.

Aber für den Mann von der Achterbahn kam es an einem anderen Jagdtag noch viel schlimmer. Mit einem Politiker aus Bergedorf stand er auf Anstand und wartete. Schon tönte das „Has, Has, Has, Has“ der Treiber durch den Wald, und es konnte nicht mehr lange dauern, dann würden die aufgeschreckten Tiere den Weg kreuzen müssen, auf dem Jupp mit seinem Jagdkollegen stand. Und tatsächlich: gleich drei Hasen setzten mit zwei Sprüngen über den Weg, während ein vierter kurz verhielt und dann dem Jupp Schippers leichtsinnig direkt vor dessen Schießprügel lief. Jupp drückte ab. Peng! Und Staub wirbelte auf. Der unglückselige Jäger hatte dem Hasen kein Härchen versengt, sondern die Schrotladung in den Sandboden des Waldwegs verschossen. Trockner Kommentar des Mitjägers aus Bergedorf: „Jupp, den harrst man beter griepen schullt.“

Nun, der Jahrmarktskönig nahm es mit Humor, obwohl er wusste, dass ihn das etwas kosten würde. Drei Schnapsrunden, unter dem taten es seine Jagdfreunde denn auch nicht beim abendlichen Schüsseltreiben. Jupp zahlte. Das konnte er, besser als schießen.

Eine gute „Strecke“ wurde nicht, aber gute Laune immer garantiert auf einer jährlichen Treibjagd des Senats.
Fazit eines solchen Tages: Man aß und trank gut, lachte und schoss viel, traf aber wenig.

Nicht grösser als Bismarcks Nase

Sein kleiner Finger ist beinahe einen Meter, das Schwert, auf das er sich stützt, nahezu zehn Meter lang. Vom Sockel bis zum Scheitel misst er 34 Meter, und wenn der Himmel tief über Hamburg hängt, dann streicheln dunkle Wolken seine Glatze. Er ist der größte Bismarck aller Bismarcks in deutschen Landen. Martialisch in Ritterrüstung dargestellt, blickt er mit strengen Augen seewärts in Richtung Westen. Von der nahen Reeperbahn weht ein Hauch von Sünde zu ihm herüber, und wenn in der Vorweihnachtszeit Domfest ist auf dem Heiligengeistfeld, dann steigt ihm der Duft von Schmalzgebackenem, gebrannten Mandeln und Bratwürsten in die Nase.

Als ein bisschen zu groß geraten erschien er etlichen Hanseaten, als im Jahre 1906 die Hülle fiel, aber da der Koloss das Staatssäckel nicht belastete, weil Freunde für das Denkmal des „Alten aus Friedrichsruh" mehr als eine halbe Million Goldmark gesammelt hatten, gab es keinen größeren Protest. So wurde der Eiserne Kanzler neben dem Michel zweites Wahrzeichen einer Stadt, die von Denkmälern und Denkmalspflege eigentlich nie besonders viel gehalten hat. Glück dabei für Bismarck, dass er mit einem Gewicht von 625 000 Kilogramm unverrückbar ist.

Dem, den er ja nachweislich zum Deutschen Kaiser gemacht hat, erging es da in Hamburg sehr viel schlechter. Vom ersten Standort auf dem Rathausmarkt musste Wilhelm I. mit seinem Bronzepferd umziehen auf den Sievekingsplatz in der Neustadt, ehe er dann, aller allegorischen Figuren entkleidet, auf einem nüchternen Sockel und von Bäumen beschattet, in den alten Wallanlagen landete. Dabei konnte der Monarch noch froh sein, dass ihm nicht geschah, was Deutschlands Dichterfürst Friedrich von Schiller in Hamburg passierte.

Nach einigen offenbar unvermeidlichen Umzügen fand sich der Poet des „Liedes von der Glocke" eines Tages gegenüber dem Dammtor-Bahnhof inmitten einer Blechlawine abgestellter Autos als Parkwächter wieder. Ein paar Jahre lang musste er diese Unbill ertragen, bis ihn ein Bundespräsident aus seiner misslichen Lage befreite. Theodor Heuss, so erzählt man, soll bei einem Hamburg-Besuch fassungslos gewesen sein, als er seinen Landsmann dort zwischen den Autos entdeckte. Seiner Bitte um Änderung konnte man sich deshalb nur schwerlich verschließen. Die Autos verschwanden und Schiller steht seitdem in einer hübschen Grünanlage.

Noch besser allerdings geht es seinem Dichterkollegen Lessing. Der Herausgeber der „Hamburgischen Dramaturgie" darf weithin sichtbar auf dem Gänsemarkt, dem Platz des ersten deutschen Stadttheaters, residieren. Dafür fristet der berühmte Baumeister Fritz Höger, der als Architekt das Bild der Hamburger City mit seinen Klinkerbauten entscheidend prägte, sein Denkmalsdasein in einer Mauernische des von ihm erbauten Broschek-Hauses als Zwerg. Er ist kleiner als Bismarcks Nase.

Um das Kapitel freundlich abzuschließen: Die Altonaer, ja erst seit 65 Jahren auch Hamburger, waren und sind sehr viel netter zu ihrem Bronzekaiser Wilhelm I. Er wurde nie versetzt und darf bis heute, weithin sichtbar, auf dem begrünten Vorgelände des Rathauses reiten. Eingefleischte alte Monarchisten üben dennoch Kritik. Pferd und Kaiser stehen nämlich auf dem „Platz der Republik".

... EIN VIERTEL IM HALBEN

Wie in jeder großen Handelsstadt der Welt gehörte selbstverständlich auch für einen „ehrbaren Hamburger Kaufmann“ der Börsengang zum Tagesablauf. Heute Sitz der Handelskammer, war Hamburgs Börse – Gründungsjahr 1558 – die älteste deutsche Börse überhaupt. Schon deshalb also waren die Börsianer einer Tradition verpflichtet, und die Einhaltung bestimmter Regeln, die vor allem die Bekleidung betraf, war zumindest ungeschriebenes Gesetz.

Ein Börsianer trug niemals braune Schuhe oder farbige Socken. Bei der Farbe des Anzugs, bei dem sich lediglich immer mal der Schnitt veränderte, war ein sehr dunkles Grau gerade noch erlaubt, vorherrschend aber waren anthrazit und dunkelblau. Die Krawatte zum blütenweißen Hemd war dabei dezent und meistens quer gestreift. Bis hinein in die 20er Jahre gehörte auch noch der schwarze Bowler auf einen Börsianerkopf, dann wurde er vom Homburg, bei maritimen Terminen von der blauen Lotsenmütze abgelöst.

Was die Mäntel angeht, so gab es manchmal Schwierigkeiten an der Garderobe, denn diese Mäntel waren nicht nur zu 95 Prozent dunkelblau, sondern stammten, mit dem berühmten braun-gelb-karierten Futter, fast einheitlich vom britischen Textil-Fabrikanten Burberrys. Wobei übrigens auch die Stoffe der Anzüge zumeist britischen Ursprungs waren, gekennzeichnet durch ein kleines Etikett im Futter der Jacketts. „Woven in Scotland“ oder „England“, das musste es schon sein, denn „Hamburgs Sitten sind englisch“. So wusste es schon der den Hanseaten in Hassliebe verbundene Dichter Heinrich Heine.

Es waren also feine Herren, wenn sie da, den schwarzen Stockschirm überm linken Arm, gemeinsam und gemessenen Schritts nach Börsenschluss einem Ziel zustrebten. Und dieses Ziel hieß „Rieper“, ein Bierhaus, das sich seinen Gästen mit solidem Ambiente, Hamburgs größten Eisbeinen und auch ansonsten vorzüglicher Küche präsentierte. Aber eines vor allem: Bei Rieper gab es Pilsener Urquell vom Fass. Wegen des Schenkverfahrens allerdings nicht unbedingt geeignet für Männer, die schnell ihren Durst löschen wollten. Und die Börsianer waren durstig.

Deshalb hatte man bei Rieper ein besonderes Verfahren entwickelt. Wenn die ersten Männer von der Börse auftauchten, ließ der Zapfer hinter dem Tresen nach einer Schnellschankmethode ein Viertel mit wenig Schaum in ein Halbliterglas laufen. Die berühmten „Viertel im Halben“ wurden dann sofort serviert, und wenn die Börsianer ihre Plätze eingenommen hatten, gab es keine trockenen Kehlen mehr.

Zeit für den Zapfer, jetzt ein echtes Urquell zu schenken. Ein halber Liter dauerte dabei genau 15 Minuten, und auf dem dann trinkfertigen Bier thronte, einer Pyramide ähnlich, die Schaumkrone mit genau acht Abstufungen. Sie musste, wenn richtig geschenkt worden war, so fest sein, dass man sie vom Glasrand abheben und unbeschädigt auf einen Bierdeckel setzen konnte. Und das stimmte natürlich bei Rieper immer.

Das gute Bier, das feine Essen und überhaupt das ganze „Drumherum“ verführten schließlich zu einer gewissen Freizügigkeit. Wenn das Geschirr abgeräumt worden war, dann erging es den Börsianern wie Goethes Faust beim Osterspaziergang. Sie wurden Mensch, sie durften es sein. Die englischen Jacketts wanderten über die Stuhllehne, der oberste Kragenknopf wurde geöffnet und die Krawatte gelockert.

Jetzt, und dann für Stunden, herrschte an den Tischen „König Skat“. Mit „Hosen runter“, Grand mit Vieren, Kreuz ohne Drei, Null und Bockrunde. Natürlich spielten sie um Geld, aber sie zockten nicht. Es war ganz einfach Erholung vom grauen Kommerz-Alltag. Einige erholten sich immer ziemlich lange. Aber wenn erzählt wird, dass es Börsianer gab, die am nächsten Morgen gleich von Rieper aus wieder rüber zur Börse gingen, also, das stimmt nicht.

Gaudeamus igitur

Es gibt sie nicht nur in Heinrich Spoerls „Feuerzangenbowle“, es gab sie auch in Hamburg: Pädagogen mit ganz besonderen Eigenarten. Nicht gerade so überzeichnet wie bei Spoerl, aber jeder für sich mindestens für eine Nebenrolle geeignet in dem berühmten Schulroman. Wir greifen uns an dieser Stelle vier von ihnen aus dem früheren Realgymnasium des Johanneums am Eilbek-Kanal heraus. Vier ansonsten gute Lehrer, um das vorweg zu sagen. Lehrer, die ihren Schülern viel mitgegeben haben für ihr ferneres Leben.

„Jumbo“ nannten sie ihn, weil er schwergewichtig und tapsend wie ein Elefant beim Gehen Fuß vor Fuß setzte und immun war gegen jedwede Unart seiner Schüler. Seines Zeichens ordentlicher Professor, gab er Französisch-Unterricht. Jumbo war dafür bekannt, dass er seine Stunden damit auflockerte, kleine Geschichten ohne Pointe zu erzählen. Aber dabei hatte er leider mit einem körperlichen Ungemach zu kämpfen. Ausgerechnet er als Sprachlehrer litt unter sprachlichen Schwierigkeiten. Beständig nämlich verrutschte ihm sein künstliches Gebiss im Oberkiefer. Dann unterbrach er seinen Vortrag, schnalzte dreimal mit der Zunge und brachte damit die Zähne wieder in die richtige Position. Das Grinsen seiner Schüler ignorierte er. Jumbo blieb gelassen, er ruhte in sich, eben wie ein Elefant.

Da war „Moses“, körperlich etwa die Hälfte von Jumbo, ganz anders geartet. Mit den Zähnen hatte er nichts, dafür zuckte bei Erregung seine linke Schulter. Und Moses war oft erregt. Vor allem, wenn er vergaß, dass er als Kunsterzieher eigentlich für das perspektivische Zeichnen zuständig war, aber stattdessen über sein Lieblingsthema, die „Verschwendungssucht in unserem Lande“, referierte. Jede Klasse ließ er die Menge der

Brötchenkrümel errechnen, die Tag für Tag auf deutschen Frühstückstischen verloren gingen. Die Endrechnung ergab dann, dass viele tausend Brote jeden Morgen im Abfalleimer landeten. „Und da frage ich mich“, erging sich empört Moses, „ob sich unser Volk so etwas eigentlich leisten kann.“

Für ähnliche Kinkerlitzchen wäre sein Kollege „Beowulf“, Professor für Mathematik, Physik und Chemie, nie zu haben gewesen. Rundlich und dabei stets freundlich wie die meisten Dicken überraschte er seine Schüler dafür mit der Eigenart, beim Unterricht verschiedene Tonarten einzusetzen, vom tiefen Bass über die normale Sprachweise bis hin zu hohen Fisteltönen.

„Passen Sie auf“, kam es zum Beispiel ganz tief, „passen Sie auf, ich bin stark, ich zerrupfe Sie. Wenn ich mit meinen zwei Zentnern auf sie falle, dann sind Sie platt wie die bösen Buben von Korinth.“ Hoch dann wieder wie eine Sopranistin: „ Sie da hinten auf der letzten Bank! Sie meinen auch: Lass den Dicken da vorn an der Tafel man rechnen, der wird ja dafür bezahlt.“

Ab und an prüfte Beowulf seine Schüler. Und dazu folgende Geschichte: „Gartmann“, griff sich der Herr Professor einen heraus, „kommen Sie doch mal nach vorn und erzählen Sie Ihren Klassenkameraden und mir etwas über Basen und Säuren.“ Gartmann, unvorbereitet wie so oft, erschrak, versuchte es dann aber mit einem Trick. Er tat so, als hätte er die Aufgabe nicht richtig verstanden und referierte über Gase.

Derweil saß Beowulf hinter dem Katheder, blinzelte über seine Brillengläser freundlich zu Gartmann hinüber, unterbrach den Vortragenden aber nicht ein einziges Mal. Als Gartmann schließlich endete, sprang Beowulf auf, klatschte begeistert in die Hände und rief in seiner höchsten Tonart: „Gartmann, das war nicht nur gut, das war auch mehr als sehr gut, das war summa cum laude. Gerade von Ihnen hatte ich eine solche Leistung überhaupt nicht erwartet." Dann machte er eine kleine Pause und fügte freundlich hinzu: „Gartmann, wenn Sie uns jetzt auch noch ein wenig über Basen und Säuren erzählen würden, dann wäre das heut ein glatter Einser."

Technischer K.o. für Gartmann. Müde schlich der zu seinem Platz und ließ sich schwer auf die Bank fallen. Und dort erreichte ihn dann Beowulfs tröstender Satz: „Ja, ruhen Sie sich jetzt ruhig eine Weile aus, Gartmann."

Und dann gab es da noch Attila. So genannt, aber ohne die geringste Ähnlichkeit mit dem einstigen König der Hunnen. Eher ein schmales Männchen mit hoher Stirn und Vollglatze, aber wie sein Namensgeber als Krieger von den Feinden, so war unser Attila als Lateinlehrer bei seinen Schülern gefürchtet. Er reagierte stets unwirsch, wenn einer beim Abfragen der Deponentien stotterte, und er hatte kein Verständnis dafür, wenn ein Schüler in einem der ellenlangen Schachtelsätze des Gajus Julius Cäsar nicht auf Anhieb Subjekt, Prädikat und Objekt entdeckte.

Aber auch Attila hatte seine Achillesferse. Wenn einer der Schüler die Rede geschickt auf Studentenlieder brachte und dabei erklärte, er habe da mal was von „Gaudeamus igitur" gehört, blitzte es auf hinter Attilas Brillengläsern. „Ja, kennen Sie das denn nicht?" Kopfschütteln auf allen Bänken. Nein, das kannten sie nicht. Und alsbald trat Attila in Aktion. Die Deponentien waren vergessen und auch der „Gallische Krieg".

Hinter dem Katheder setzte er sich in Position, intonierte etwas abgehackt, aber mit durchaus schönem Bariton, das Studentenlied und schlug dazu mit der Faust den Takt auf dem Kathederdeckel. „Denken Sie daran, dass wir dieses Lied einmal zum Thema machen."

Wie oft Attila das „Gaudeamus igitur" gesungen hat, und das natürlich in allen Klassen, ist nie gezählt worden. Unwahrscheinlich eigentlich dabei, dass dieser so kluge Mann nie gemerkt haben soll, wie ihn die Schüler zum Narren hielten. Man darf deshalb sicher sein: Er hat es gemerkt, aber diesen Spaß einfach mitgemacht. Auch wenn er seiner sonstigen Einstellung zum Lateinunterricht widersprach.

„Ettpi idi lossbi ichni openi iendi Lipsi“

Die technische Entwicklung, auch den Hamburger Hafen hat sie eingeholt. Wo früher einmal die fleißigen Hände vieler tausend Arbeiter nötig waren, da läuft es heute auf Knopfdruck, wie von Geisterhand gesteuert. Eine ganze Armee von Männern ist es noch vor etwas über 60 Jahren gewesen, die Hamburgs Hochbahn frühmorgens an den Stationen Baumwall und St. Pauli-Landungsbrücken ausspuckte. Das waren Handwerker aller Sparten, das waren die Tallymänner, Quartiersleute, Stauer und Stauervizen, Schweißer und Nieter, Schauerleute und ein paar Männer mit Schlips.

Beinahe einheitlich trugen sie ihre dunklen Joppen, darunter kragenlose blau-weiß gestreifte Hemden aus derbem Stoff und Cordhosen. Jedem hing sein Zampel über der Schulter und ein Kaffee-Teng, der allerdings oft auch Köm enthielt, denn in den 59 Kaffeeklappen des Hafens, die die Arbeiter mit preiswertem Essen und mit Getränken versorgten, gab es keinen Alkohol.

An den Bahnstationen schoben sie sich nach dem Aussteigen wie eine Welle über die Straße, hinüber zum Anleger für Barkassen und Fährschiffe. Wenn die dann losmachten, dann spritzte das Wasser auf und eine Flotille rauschte über den breiten Strom, hin zu den einzelnen Arbeitsplätzen in den verschiedenen Hafenbecken.

Viel gesprochen wurde unterwegs nicht, weder in der Bahn noch auf den Schiffen. Und wenn es dann doch mal ein Gespräch oder eine Auseinandersetzung gab, dann war sie kurz und wurde sehr schnell auf den Punkt gebracht.

Da stand, dies als Beispiel, kurz vor der Station Baumwall ein Stauervize direkt vor der Ausgangstür des

Waggons. Breitschultrig und zwei Meter groß von den Hacken bis zum Scheitel. Vor ihm „hippelte“ ein um gute 40 Zentimeter kleinerer Arbeiter, der aussteigen wollte. Und als der Stauer keine Anstalten machte, seinen Platz zu räumen, meckerte ihn der Kleine an: „Geihst du nu bi Sid oder schall ick över di wegspringn.“ Da blickte, ehe er Platz machte, der Große mitleidig herunter auf den Kleinen und fragte freundlich: „Wie hoch sprüngst du denn?“ – „Ole Mettenmors“, brummelte der so Gefragte. Aber es gab keine Reaktion. „Mettenmors“, das war ja auch in diesen Kreisen eher eine Liebeserklärung als eine Beleidigung. Ja, hätte er hochdeutsch „alter Regenwurm-Arsch“ gesagt, das wäre dann natürlich was anderes gewesen.

Lange Minuten der Angst, dies eine andere Geschichte, erlebte mit einem Mann aus dem Hafen ein Schwabe. Der war ein bisschen über die Reeperbahn gebummelt und hatte sich dann in eine kleine Kneipe am Rande der Hafenstraße verirrt. Hier stand er nun, ein Bier vor sich, und dachte an nichts Böses. Bis er auf der anderen Seite der langen Theke einen kräftigen Mann entdeckte, der ausgerechnet ihn mit grimmigem Gesicht fixierte. Anfangs wollte sich der Mann aus Stuttgart nicht darum kümmern, aber dann ging sein Blick doch immer wieder hinüber zu seinem Gegenüber, dessen Gesicht sich jetzt richtig verzerrt hatte.

Tausend Dinge gingen dem Schwaben durch den Kopf. Wie hatten sie ihn doch zu Hause vor diesem Hamburg gewarnt. Auf keinen Fall zum Beispiel solle er auf St. Pauli allein ein Lokal aufsuchen. Mit viel Glück werde er zwar körperlich unversehrt davonkommen, aber seine Brieftasche sei er auf jeden Fall los. Schnell das Bier bezahlen also, und dann nichts wie weg. Aber es war zu spät. Auf der anderen Seite des Tresens hatte sich die Gestalt gelöst und kam jetzt, ein Henkelglas in der

Rechten, ganz langsam auf den Stuttgarter zu und baute sich vor ihm auf.

„Angst, was?“, fragte er den Schwaben und dabei hellte sich zu dessen Überraschung die Miene des anderen plötzlich auf. Dann gab es einen versöhnlichen Schlag auf die Schulter des verängstigten Hamburg-Besuchers und den ihm beinahe unverständlichen Satz: „Mensch, mien Jung, ick much di küssen.“ Für den Schwaben wurde es noch ein unvergesslicher Abend in dieser so schrecklich gefährlichen Hamburger Hafenkneipe. Und nicht nur das. Die neue Nord-Süd-Freundschaft hat anschließend über Jahre gehalten, sogar mit gegenseitigen Familienbesuchen in Stuttgart und Hamburg.

Nicht so gut Kirschen essen, so sagte man wenigstens, war mit den Männern der so genannten „Schietgang“. Das waren die „Kesselklopfer“, plattdeutsch „Ketelklopper“. Sie wurden eingesetzt zur Reinigung der großen Schiffskessel, und das war im Hafen die schwerste und gleichzeitig schmutzigste Beschäftigung. Ketelklopper bildeten eine verschworene Gemeinschaft, jeder Einzelne selbstbewusst und sehr oft auch provozierend. Einen von ihnen hatte man besser als Freund als zum Feind. Als „richtige Briten“ waren sie deshalb auch in Hamburg bekannt.

Dabei präsentierten sie sich als etwas wirklich Besonderes. Ketelklopper hatten nämlich nicht nur ihre eigene Hymne, sondern auch eine eigene Sprache. Das Lied – es wird noch heute überall in fröhlicher Runde gesungen – lautet:

Wi sünd de echten Ketelklopper.
Wi arbeid dröbn bi Blohm un Voss.
Wi sünd fidel un jümmers propper.
Wi kaut Swatten un hefft schändlich Dost.

Und nun diese Sprache, für den Außenstehenden ein schreckliches, unverständliches Kauderwelsch, aber doch eine Sprache mit festen Regeln. Die Kesselklopfer setzten bei jedem plattdeutschen Wort den Konsonanten nach hinten und hängten ein „i“ dran. Wenn ein Wort mit einem Vokal anfing, dann hängten sie das „i“ an den folgenden Konsonanten, setzten den dritten Konsonanten wieder nach hinten und gaben noch ein „i“ dazu.

Das hörte sich bei zwei Ketelkloppern im Streit dann so an: „Ettpi idi loßbi ichni openi iendi Lipsi“, sagte der eine, und der andere erwiderte: „Udi annstki imi olmi ixfi ani Orsmi leinki.“ Die Übersetzung ins Hochdeutsche: „Nun tritt dir bloß nicht auf deine Krawatte“, so der Erste, und die Antwort: das berühmte Zitat aus Goethes „Götz von Berlichingen“ – auf „ketelklopperisch“.

Die Handschuhe der Leander

Sie war, zu UFA-Zeiten, die große Dame des deutschen Films. Unvergessen ihre sonore Altstimme und Lieder wie „Ich weiss, es wird einmal ein Wunder geschehn“, „Kann denn Liebe Sünde sein“ oder „Der Wind hat mir ein Lied erzählt“. In der Vorweihnachtszeit des Jahres 1968 hatte die Schwedin Zarah Leander damit in Hamburg einen ihrer letzten großen Auftritte. Dabei

Nach einem Bummel durch die vorweihnachtlich geschmückten Hamburger Einkaufsstraßen erinnerte sich die bekannte Schauspielerin und Sängerin Zarah Leander an Bord der „Wappen von Hamburg“ an bescheidene schwedische Weihnachten (1968).

nahm sie die Gelegenheit wahr, ein wenig durch die Stadt zu bummeln, die sie nach ihrem letzten Aufenthalt gleich nach dem Kriege noch als Trümmerlandschaft in Erinnerung hatte.

Bei einer anschließenden Kaffeestunde an Bord des Seebäderschiffs „Wappen von Hamburg“ zeigte sie sich dann beinahe fassungslos über das Erlebte. „Niemals hätte ich gedacht, dass diese Stadt einmal so wieder zum Leben erwachen würde.“ Sie war begeistert vom Wiederaufbau, von der festlichen Beleuchtung in den Straßen, der reichhaltigen Auslage in den Geschäften und den vielen glücklichen, mit Geschenkpaketen beladenen Menschen.

„Aber“, meinte sie dann nachdenklich, „das ist immer so ein Augenblick, an dem ich zurückdenke an einen ganz bestimmten Weihnachtsabend im heimatlichen Schweden. Ich war damals 12 Jahre alt. Am Weihnachtsbaum brannten die Kerzen, das Holz knisterte im Kamin und in den Gläsern dampfte der Glöck. Und da lagen für mich unter dem Baum ein Paar schwarze, wollene selbst gestrickte Fingerhandschuhe. Man muss verstehen: bis dahin hatte ich nur grobe Fäustlinge getragen, und jetzt diese Handschuhe wie für eine Dame.“

Zarah Leander machte eine Pause, dann fuhr sie fort: „Ich bin in meinem Leben so oft und so reich beschenkt worden, aber ich habe mich über ein Geschenk nie wieder so gefreut wie über diese Fingerhandschuhe.“ Und bei diesen Worten zog eine leichte Röte über ihr Gesicht. Für eine Weile war die große Diva wieder das kleine Schwedenmädchen von 12 Jahren.

Een Kasten, de snacken kann

Die Geschichte spielt noch zur Kaiserzeit, im Jahre 1910. Damals, an einem warmen Julitag, lag Jan Puttfarken aus der Seilerstraße auf St. Pauli als Matrose mit seiner Dreimastbark im Hafen von Piräus und nutzte einen Landgang, um sich die Haare schneiden zu lassen. Als er einen Salon gefunden hatte und vor dem großen Spiegel saß, versuchte er dem Friseur klar zu machen, wie er sich die Frisur wünschte. Jan redete mit Händen und Füßen, aber der griechische Putzbütel, wie man in Hamburg sagt, verstand unseren Janmaaten nicht. Da packte den schließlich nach einer Weile die Wut. Er schlug mit der Faust auf den Marmortisch und rief: „Vörn lang loten un achtern een bitten kötter." Ja, und das hat der Figaro vom Piräus verstanden.

In der Hansestadt inzwischen wieder ganz offiziell auch als Amtssprache zugelassen, war das Plattdeutsche früher auch Teil der schulischen Bildung. Ganz selbstverständlich nämlich enthielt die Hansa-Fibel, ein beispielhaftes Lern- und Lehrbuch für Hamburgs ABC-Schützen, Geschichten in dieser Sprache. Da gab es den „Hamborger Snack for us Hamborger Kinner", im Märchen vom „dicken, fetten Pfannekuchen" wurde platt gesprochen und in dieser Fibel standen plattdeutsche Rätsel, Reime und Gedichte.

Und wenn dann am Nachmittag in Winterhude Lotti und Trulchen, beide mit der großen Schleife, dem Botterlecker, im Haar, auf dem Treppenvorsatz ihres Hauses saßen, dann übten sie sich in plattdeutschen Zungenbrechern aus ihrer Fibel. Lotti schaffte das immer nicht so ganz, aber Trulchen war in ihrem Element. Vor allem bei der Geschichte vom dicken Mädchen, das ein dünnes Mädchen durch eine schmutzige Pfütze trägt: „De dicke Deern dräg de dünne Deern dörch den dicken Dreck, dor dankt de dünne Deern de dicke Deern, dat de dicke Deern de dünne Deern dörch den dicken Dreck drägen däh."

Freundin Lotti sollte im Leben von Trulchen nicht das einzige Publikum für ihre stotterfreien plattdeutschen Vorträge bleiben. Sie kannte später nicht nur die

Freude über den Erfolg: Animiert vom bekannten Hamburger Conferencier Heinz Köllisch trug „Trulchen" in Harburg das plattdeutsche Gedicht vom „Radio" vor und erlebte dabei den Applaus der mehr als 200 Zuhörer.

Reime aus der Fibel, sondern unzählige Spielszenen und Gedichte in dieser Sprache. Im kleinen Kreis trug sie die oft und gern vor. Ihren größten Erfolg aber hatte sie dabei anlässlich eines Nikolausessens der Feinschmecker-Gilde Chaine des Rotisseurs im Harburger Hotel „Lindtner“ vor mehr als 200 Gästen mit dem Gedicht „Radio“.

Geschrieben hat es 1929 Hermann Claudius, Urenkel des berühmten „Wandspecker Bothen“ Matthias Claudius, der uns mit „Der Mond ist aufgegangen“ das schönste deutsche Abendlied schenkte. „Radio“ aber ist plattdeutsch, und animiert vom in Hamburg bekannten Conferencier Heinz Köllisch stellte sich Trulchen damit ihrem Publikum.

„Wo geiht bloots an“, heißt es da,
„wo geiht bloots an;
Vadder hett een Kasten köfft, de snacken kann.
Vadder maakt „Tipp“ – un denn as nich klook,
denn spält he mit, nmal Vigelin un Fleit,
as weer dat so ut de Luft herweiht.“

Als Trulchen mit dem letzten Vers

„Dat larmt un zakereert as dull.
Dat ganze Hus is darvan vull.
Vor Vadder obers hebbt se Angst, jo, jo.
He drückt mol eben op den Knopp –
foorts hollt se op.“

endete, da applaudierte am Nebentisch stehend Burgschauspieler Heinz Reincke. „Mit Betonung“, rief er, „so richtig mit Betonung hat sie das aufgesagt.“ Dann ging er spontan an ihren Tisch und gratulierte. Trulchen freute sich natürlich über das Lob aus dem berufenen Mund dieses ja auch aus vielen Fernseh-Serien bekannten Darstellers. Als der Mime dann allerdings später zu vorgerückter Stunde mal ihren Herzschlag prüfen wollte, da kriegte er einen Klaps auf die Finger.

Noch auf dem Nachhauseweg sagte sie kopfschüttelnd zu ihrem Mann: „Berühmt hin, berühmt her. Vonwegen mal eben meinen Herzschlag prüfen.“ Dann fügte sie allerdings versöhnlich hinzu: „Na, ja, so richtig zugegriffen hat er ja nicht.“ – „Vielleicht“, konnte es der Ehemann nicht lassen, „hättest du das ja ganz gern gehabt.“ – „Du tüühnst ja“, kam es da hamburgisch zurück. Woher der Erzähler dieser Hamburger Geschichten solche intimen Einzelheiten weiß? Ganz einfach: Trulchen war seine Frau.

Eine schwarz-rote Freundschaft

Er war der Stadt Hamburg nie besonders gewogen, aber auch die Menschen dieser Stadt kamen ihm nicht gerade jubelnd entgegen. Schon deshalb fand Konrad Adenauer, erster Bundeskanzler der Bundesrepublik Deutschland, nur selten den Weg vom sangesfrohen Rhein an die unterkühlte Elbe. Wenn er dann aber einmal kam, dann war er es, der die Brücken schlug zwischen sich und den Hanseaten und sich dabei auch nie anmerken ließ, was er in Wirklichkeit von diesen „roten Hamburger Sozialdemokraten“ hielt. Humorig gab er ihnen im City-Park „Planten un Blomen“ Tipps für den Anbau von Rosen und lobte respektvoll ihre Aufbauleistung nach dem Kriege.

Verbunden war er natürlich dem Hamburger CDU-Vorsitzenden Erik Blumenfeld, aber eine einzige Ausnahme machte er tatsächlich auch bei den „Roten“. Er schloss Freundschaft mit Adolph Schönfelder, dem Präsidenten der Hamburger Bürgerschaft. Gegensätzlicher als diese beiden, hier der temperamentvolle Rheinländer und dort der bedächtige Hanseat, konnten eigentlich zwei Menschen nicht sein, aber wieder einmal hatte, wie man in Hamburg sagt, auch in diesem Falle der „Pott seinen Deckel“ gefunden. Sie waren einander gewachsen.

Bei ihren Gesprächen ging es um mancherlei, aber oft um den rechtzeitigen Rücktritt aus Altersgründen. „Schönfelder“, erklärte Adenauer einmal dem Hamburger Freund, „wir Alten sollten jetzt endlich den Jüngeren Platz machen.“ Der Bürgerschaftspräsident vernahm es etwas verwundert und erklärte hinterher Freunden: „Ich glaube fast, er hat damit nur mich gemeint.“

Ein paar Jahre später – Schönfelder hatte gerade beschlossen sein Amt niederzulegen – kam es zwischen beiden wieder zu einem Gespräch über den richtigen

Zeitpunkt des Ausscheidens aus der Politik. Und da konnten sie sich nicht einig werden, sprachen aber dafür im Rathaus gemeinsam kräftig dem Wein zu. Es hatte schon lange Mitternacht geschlagen, als Schönfelder aufgab und Adenauer, von einem Beamten gestützt, die Rathaustreppe hinunterschritt. Erst vor der Tür löste er sich mit den Worten: „Zum Wagen jeh ich allein. Wat solln denn sonst die Leute von mir denken." Ging dann hinaus auf den nächtlich menschenleeren Rathausmarkt und erklärte draußen erstaunt: „Nee, sowat. Ne Jroßstadt und keine Menschenseele."

Die Prärie im Eckpark

Nur hin und wieder durchbricht ein vorüberfahrendes Auto die Stille, und das Auftauchen eines Kopfes an den Fenstern zeigt an, dass hinter den Fassaden der Häuser Menschen wohnen. Ob nun in den Straßenzügen von Hamm, ob in Eilbek, in Hammerbrook, Hohenfelde, Barmbek oder Eimsbüttel, überall lautlose Gegenwart, wo bis zur Zerstörung der alten Wohnhäuser durch die Bomben im Jahre 1943 die Luft erfüllt war vom Lärmen, Lachen und Singen der Kinder. Ihr Spielplatz war die Straße, und Tausende brachten buntes Leben vor die Hauseingänge, in die Höfe und Terrassen.

Hier ließen die Jungens ihre Trudelreifen, meist Fahrradfelgen ohne Speichen, über das Pflaster rattern, hier trieben die Mädchen mit der kleinen Stockpeitsche ihren „Kräusel" über die Straße, übten mit bunten Bällen „Probe an der Wand" und fanden sich im Kreis zu „Ringel, Rangel, Rosen" und zur „Meyer'schen Brücke". Hier spielten sie „Verstecken", „Kibbel Kabbel", „Dritten abschlagen", „Liebesball", „Abends, wenn der Mond scheint" oder „Herr Dokter, Herr Dokter, mien Popp is krank".

Kaum ein Junge, der nicht mindestens zehn Bücher des geliebten Karl May gelesen hatte. In jeder Straße gab es deshalb beim „Insche- und Trapperspiel" einen Winnetou, einen Old Shatterhand und einen Apanatschka. Die etwas hügelige, mit Büschen bepflanzte Abgrenzung des kleinen Eckparks zwischen der Papen- und der Hasselbrookstraße in Eilbek wurde zum Wald der Rocky Mountains, die kleine Rasenfläche verwandelte sich in die Weite der Prärie und an den Stämmen der Weiden neben dem Parkwärter-Häuschen „hobbelten" die Apachen ihre Pferde an.

Unterbrochen wurde das Spiel nur, wenn der Magen knurrte. Dann klingelte man schnell mal bei Mutti und rief seine Wünsche durch das Treppenhaus. Und schon wenig später flog ein Päckchen mit Butterbroten aus dem zweiten, dritten oder vierten Stock und wurde unten geschickt aufgefangen.

Alles brave, gesittete Kinder? Na, ja. Natürlich machten sie bei der Begrüßung eines Erwachsenen alle einen Knicks oder Diener, natürlich boten sie in der Bahn den „Großen" ihren Platz an und sie trugen auch, allerdings dabei mit heimlicher Hoffnung auf eine Belohnung, einer alten Frau den schweren Einkaufskorb nach Hause. Aber ansonsten war auch damals nicht alles Gold,

Schnell mal zwischen „Ringelreihen", „Dritten abschlagen" und „Liebesball" das Spiel für ein Straßenfoto unterbrochen. Im Stadtteil Winterhude im Jahre 1929 schoss der Fotograf dieses Bild Hamburger Kinder.

was glänzte. Wenn die Jungens zum Beispiel aus mit Wasser gefüllten Schnullern durch die geöffneten Backstubenfenster bei Bäcker Blunck in der Lübecker Straße die abgestellten Plattenkuchen bespritzten, wenn sie sich mit Steinen im Zielwurf auf Gaslaternen übten, beim Grünhöker aus den vorm Laden stehenden Kisten Äpfel und Birnen klauten oder am Häuschen des Wärters im Eckpark das Schornsteinrohr abmontierten und in die Büsche warfen. Harmlos dagegen die Aufforderung an eine Frau mit Hund, den „Wauwau doch mal Pipi machen zu lassen" oder beim Bäcker nach Apfelschnitten zu fragen und dann zu erklären: „Wie schön. Lassen Sie sich die Dinger man gut schmecken." „Streiche machen" nannten sie das, und oftmals waren es recht böse Streiche. Weil diese Jungens von gestern eben ganz einfach nicht besser waren als ihre Väter von vorgestern.

Auch Karl Mays Apachen verließ manchmal der Edelmut. Tauchte Winnetous Schwester Gerlind im Park auf, dann brüllte Old Shatterhand: „Ach, da kommt ja die Görtsche." Und der Bruder setzte mit „Na, du dumme Görle" noch eins drauf. Beide wussten ganz genau, dass Gerlind jetzt in Tränen ausbrechen würde. Und darauf hatten sie es ja abgesehen. Sie weideten sich an den Tränen der Kleinen.

Inzwischen, damit die Geschichte versöhnlich ausklingt, hat die kleine „Görle" die Siebzig überschritten und sich natürlich längst mit Bruder Winnetou ausgesöhnt. Aber die beiden Spottnamen, die mag sie bis heute nicht hören.

„An oder ab von Christian“

Als Christian aus Hohenfelde 12 Jahre alt wurde, da war es auch bei ihm endlich so weit. Er interessierte sich nicht mehr allein für Fußball und Old Shatterhand, sondern begann den Röcken kleiner Mädchen nachzuschauen. Und dabei verguckte er sich prompt in die gleichaltrige dunkelblonde Ulla mit den grau-blauen Augen und einer winzigen Narbe auf der Oberlippe. Nun konnte Christian natürlich unmöglich vor sie hintreten, um ihr seine Liebe zu gestehen. Schon der Gedanke, eine Abfuhr zu erhalten, hielt ihn davon ab. Also besann sich Christian auf das alte, in Hamburg überall praktizierte „An-oder-ab-Spiel“.

Er wandte sich also an Freund Peter und bat den, bei besagter Ulla „an oder ab“ von ihm zu fragen. Und Peter, der ja selbst in der Sache keine Aktien hatte, übernahm den Auftrag gern. Würde Ulla nun „ab“ sagen, dann war das zwar traurig für Christian, aber auch ein für allemal erledigt. Aber Ulla sagte in diesem Falle nicht „ab“. Also waren sie und Christian fortan ein Paar. Was sich denn auch schnell, weil Peter dafür sorgte, bei den anderen Kindern herumsprach.

Aber es bedeutete noch lange nicht, dass Christian und Ulla jetzt miteinander sprachen oder gar miteinander spielten. Eher schlichen sie, Ulla immer mit hochrotem Kopf, umeinander herum oder gingen sich sogar aus dem Weg. Nur ein Zufall konnte da helfen, das gemeinsame Glück endlich vollkommen zu machen. Bei Christian hieß der Zufall „Apfelsinentau“.

Dabei handelte es sich um ein langes, bei allen Jungens begehrtes Hanfseil, mit dem die auf Schiffen transportierten Apfelsinenkisten zusammengehalten wurden. Und solch ein Seil hatte Christian bei seinem Grünhöker erwischt. Schnell band er die beiden Enden des Taus zu einem festen Knoten zusammen und warf die entstandene Schlinge über die eisernen Querstreben einer in der nahen Wohnterrasse stehenden Gaslaterne. Dann setzte er sich in das Tau wie in eine Schaukel, stieß mit den Füßen ab und schwebte um den Laternenpfahl.

Und wie es der Zufall so wollte: Just in diesem Augenblick stand Ulla in der Nähe, und Christian wusste, dass er jetzt die Gelegenheit beim Schopfe fassen musste. „Na, möchtest du auch mal?“ Natürlich mochte Ulla. „Schwupp“ war sie beim Laternenpfahl und „schwupp“ saß sie im Apfelsinentau. Christian schaute selig zu, musste dann aber feststellen, dass er Ulla den kleinen Finger gereicht, sie aber die ganze Hand genommen hatte. Die kleine Geliebte hörte gar nicht wieder auf, sich um den Pfahl zu drehen.

Aber Christian war zu verliebt, um Einhalt zu gebieten. Außerdem gefiel ihm der Anblick, weil Ullas Rock bei jedem Schwung weit über ihre Schenkel rutschte. Obwohl das sonst für ihn eigentlich nichts Besonderes war. Hamburgs kleine Mädchen hoben ständig ihre Röckchen, denn unter dem Gummizug der Höschen bewahrten sie ihre Taschentücher auf.

Für Christian und Ulla schließlich begann ihre glückliche Zeit. Schon am nächsten Sonntag saßen sie nebeneinander im Kino und bewunderten Hans Albers und Heinz Rühmann im Film „Der Mann, der Sherlock Holmes war.“

Viele dieser Hamburger „An-oder-ab-Freundschaften“ wurden nie gelöst, oft hielten sie an, bis über die goldene Hochzeit hinaus.

Hammonias Paradies

Dort, wo heute die Bürotürme der City Nord in den Hamburger Himmel ragen, prägten sie vor 70 Jahren das Bild der Landschaft, der „Garten Eden“ und das „Paradies“. Zwei von vielen hanseatischen Kleingarten-Kolonien und harte Konkurrenten beim Anbau von Petersilie, Kohlrabi, Kartoffeln, Erbsen und Stangenbohnen. Kein Platz für gepflegte Rasenflächen und Blumenrabatten vor genormten Lauben. Hier wurde gesät und geerntet und das Häuschen, eines immer bunter und schöner als das andere, im Eigenbau errichtet.

„Eden“ und „Paradies“ waren im Reigen der Kolonien besonders große Anlagen. Obwohl nur durch einen

Nicht immer war der Frieden so gesichert wie auf diesem Familienfoto vor der „Villa Sonnenschein“ in der Kleingarten-Kolonie „Paradies“. Bei Skat und kräftigem Grog flogen da schon manchmal die Fetzen.

Feldweg und einen mit hohen Büschen bewachsenen Knick voneinander getrennt, wurde dabei kaum Nachbarschaft gepflegt. Beide hatten eben den himmlischen Garten für sich gepachtet.

Großvater und Großmutter hatten ihr Landstück im „Paradies“, und mit seiner Fülle von Äpfeln, Birnen, blauen Pflaumen, Mirabellen, Aprikosen, Stachelbeeren, Johannisbeeren und Erdbeeren war es, besonders für die Enkelkinder, wirklich paradiesisch. Jahr für Jahr, immer im Juni, verließen die Großeltern ihre Stadtwohnung und zogen zusammen mit Urgroßmutter für die Sommermonate aufs Land. Und damit waren die Sommer-Wochenenden auch für die übrige Familie vorprogrammiert.

Sonntags trafen sich alle in Omas und Opas großzügig mit Wohnstube, Küche, Schlafraum und vorgebauter kleiner Terrasse eingerichteter „Villa Sonnenschein“. Zum Kaffee gab es Butterkuchen, selbst gebackenen Rosinenpuffer von Schwiegertochter Gretchen und vom Konditor leckere, mit verschiedenen Cremes und Konfitüre gefüllte Fünfpfennig-Stücke. Gleich für zwei Mark, also 40 Stück.

Die Stücke waren weich, also leicht zu beißen. Aber Urgroßmutter stippte sie wie immer und alles andere in den Kaffee. Und den Kaffee selbst trank sie aus der Untertasse, weil er ihr in der Tasse zu heiß war. Sie war eben in der Familie eine „very important person“.

Nach der Kaffeezeit hatte wie immer Onkel Herrmann seinen Auftritt. Er berichtete über einen Boxkampf, den er am Abend vorher in der großen Rothenburgsorter Hanseatenhalle miterlebt hatte. Bei Onkel Herrmann natürlich kein nüchterner Bericht. Während des Erzählens tänzelten seine Füße und pausenlos wirbelten Onkels Fäuste durch die Luft. Die ganze Familie erlebte den Kampf von der ersten Runde bis zum technischen „K.o“. Sie war dabei, als in der dritten Runde eine rechte Gerade das linke Auge des Gegners traf, und sie verfolgte gespannt den Uppercut auf die Kinnspitze, der dem Verlierer in Runde zehn die Füße wegriss.

Nach seiner Erzählung machte der sportliche Onkel den Kindern noch eine Freude. Er lief einmal quer durch den Garten – auf seinen Händen.

Später dann, nach dem Abendessen, wurden in der „Villa Sonnenschein“ die Petroleumlampen entzündet und die Spielkarten aus dem Schrank geholt. Man traf sich, Sonntag für Sonntag das gleiche Programm, in der Stube zur Skatrunde und auf dem Tisch dampften, völlig unabhängig von der Außentemperatur, die Gläser mit Grog. Dabei wurde auf Geheiß von Großmutter nur Großvater der Rum zugeteilt. Er hatte in jüngeren Jahren einmal eine heftige Allergie gegen volle Flaschen entwickelt, und Oma fürchtete zu Recht einen Rückfall.

Als Ugroßmutter ihr Brot aus Mangel an Zähnen noch nicht in den Kaffee stippen musste, entstand dieses Bild vor der Laube. Es war während der alten, aber auch nicht unbedingt immer guten Kaiserzeit.

Immer ziemlich laut ging es zu beim Kartenspiel, aber das störte ja keinen, denn in den Nachbarlauben war es auch nicht still. Links plärrte ein Grammophon und rechts sang Nachbarin Maibohm falsch, aber stimmgewaltig das Lied vom Mariechen, das weinend im Garten saß.

Alles in allem ein schöner, ein friedlicher Sommersonntag im Hamburger Kleingarten, aber leider, leider nicht immer. In Abständen passierte es, dass einer der Skatspieler wütend mit der Faust auf den Tisch schlug und die Spielkarten durch die Stube der „Villa Sonnenschein" segelten. Dann war, aus meist unerfindlichen Gründen, Familienkrach angesagt. Zu Handgreiflichkeiten kam es zwar nicht, aber jeder sagte dem anderen, was er ihm schon immer einmal hatte sagen wollen.

Ohne sich voneinander zu verabschieden verließen alle Familienmitglieder, natürlich unter Mitnahme der vollen Obstkörbe, den Garten und ließen eine verzweifelte Großmutter zurück. Am nächsten Sonntag war es dann ruhig in der „Villa Sonnenschein", paradiesisch ruhig im „Paradies". Sie waren sich eben, wie man in Hamburg sagt, alle noch „sabbel".

Aber schon acht Tage später tauchten sie alle wieder auf. So, als sei nichts geschehen, lief das alte Sonntagsprogramm ab. Nur mit dem kleinen Unterschied, dass Onkel Herrmann diesmal, mit Dribbling-Einlage, über das Fußballspiel zwischen Altona 93 und Eimsbüttel berichtete. Fazit, frei nach dem Pfingstlied des Hamburger Bänkelsängers Hein Köllisch:

„So ward in Hamborch Sünndag fiert
un sick dorbi düchtig amüsiert."

Urlaub

Wenn Trulchen aus Winterhude zum Beginn der großen Sommerferien ihr Köfferchen packte, weil es am nächsten Tag für ein paar Wochen zu Onkel Karl und Tante Grete nach Husum an die Nordsee ging, dann gehörte sie zu den Glücklichen in dieser Stadt. Sie war damit glücklicher auch als Freundin Lotti, die die sonnigen Tage des Jahres im nahen Stadtpark verbringen musste. Für eine richtige Reise, auch an Nord- oder Ostsee, reichte es eben für die meisten nicht in den späten 20er und 30er Jahren. Von Spanien gar oder Italien war nicht einmal zu träumen, und wie schroffe Felsen aussehen, das konnte man ja im Kino begucken, wenn Luis Trenker mal wieder von einem Berg gerufen worden war und schwarz auf weißem Leinen an einer Steilwand hing. Die Hamburger beschränkten sich auf ihr eigenes stadtnahes Gebirge, die Schwarzen Berge südlich der Elbe hinter Harburg. Dort wanderte man hinauf auf den Falkenberg und erholte sich in Gipfelhöhe 116 Meter über dem Meeresspiegel bei belegten Broten und roter Himbeer- oder giftgrüner Waldmeisterbrause von den Strapazen des Aufstiegs. Für viele allerdings war ein solcher Ausflug in die Berge schon zu weit.

Beliebter für eine „Tour“, wie die Hamburger zu sagen pflegen, waren Ziele, die zu Fuß erreichbar waren. Wer zum Beispiel in Hamm, Horn, Eilbek oder Barmbek wohnte, der bevorzugte die drei Wandsbeker Gehölze, ein kleines Waldgebiet, durch das sich das Flüsschen Wandse schlängelt. Die Vorbereitungen waren dabei jedoch nicht weniger aufwendig. Schon am Abend vor der Tour brutzelte Mutter für die ganze Familie Frikadellen, am frühen Morgen des Ausflugstages wurden dann Brote geschmiert und der Kartoffelsalat angerichtet. Vater bündelte die Wolldecke zu einer Rolle, die mit zwei Lederriemen befestigt wurde, füllte die

Feldflaschen und achtete darauf, dass nichts vergessen wurde. Ein Ball zum Beispiel und der für das Wurfspiel wichtige Gummiring. Und dann wanderten sie los, mit Rucksack, Brotbeutel, Wolldecke und Korb. Auf einer Lichtung im Gehölz wurde die Decke ausgebreitet. Vater entledigte sich des Jacketts und zog an warmen Tagen auch das Oberhemd aus, Mutter ließ Rock und Bluse fallen.

Erholung pur auf Hamburgs Oberalster: Langsam und leise gleitet das Boot dahin. Der Wasserarm führt durch eine der reizvollsten Landschaften der Hansestadt und ist deshalb als Ausflugsziel mit dem Kanu besonders beliebt.

Keine Sorge, weder ein seidenes Unterteil noch raffinierte Dessous kamen dabei zum Vorschein. Hamburgs sittsame Muttis trugen ziemlich einheitlich rosa, blaue, gelbe oder weiße Unterröcke aus flauschigem Stoff mit einer Häkelspitze an den Trägern. Und weil es da wirklich nichts zu gucken gab, guckte auch keiner hin. Die Hauptlast eines solchen Tages lag natürlich, ob nun im Gehölz, am Poppenbütteler Kupferteich, am Elbstrand in Blankenese oder in den Walddörfern, auf den Schultern mit den gehäkelten Spitzen. Während Vater sich als Haushaltungsvorstand, wie das damals noch hieß, mit den Kindern tummelte, sorgte sich Mutter auch „auf Tour“ um das leibliche Wohl der Familie und darum, dass der geliebte Ehemann nicht überfordert wurde. „Nun lasst Vater aber mal ’ne Zeit lang in Ruh. Der hat die ganze Woche über hart gearbeitet.“

Mallorca, Bayerischer Wald oder Weserbergland wurden, wie man sieht, damals nicht vermisst. Hamburg bot während der Ferien oder an den freien Sonntagen reichlich Ziele für eine erholsame „Tour“. Und was die Hanseaten nicht zu Fuß erreichen konnten, das erreichten sie mit ihrer Straßenbahn, mit der Hochbahn, die heute U-Bahn heißt, oder mit der S-Bahn, die früher Vorortsbahn hieß. Sie verband den Elbort Blankenese mit dem während der 30er Jahre wirklich noch dörflichen Poppenbüttel und führte an manchen Stellen so eng durch die Wohnviertel, dass die Fahrgäste den Leuten in die Fenster gucken konnten. An der Strecke präsentierte sich ihnen auch, zwischen den Stationen Landwehr und Wandsbeker Chaussee, Hamburgs kurioseste Werbung. „Welscher wäscht Wäsche“ stand da in großen Lettern an einer Hauswand, und nur 500 Meter weiter hieß es an einer anderen Wand „... aber noch schöner wäscht Max Löhner.“

Kehren wir noch einmal zu den beiden Freundinnen aus Winterhude zurück. Während Trulchen sich am grünen Grasstrand der Husumer „Erholung“ sonnte, gab es Abwechslung vom Stadtpark auch für Lotti. Vater und Mutter schifften sich mit ihr auf der dickleibigen „Jan Molsen“ ein und tuckerten mit ihr elbabwärts bis Cuxhaven, das bis 1938 noch ein Stadtteil Hamburgs war. Ein paar Tage später ging es dann vom Jungfernstieg ab mit einem kleinen Dampfer auf die Alster, das zweifellos für alle Hanseaten beliebteste Ziel für Ausflüge.

„Befördrer vieler Lustbarkeiten,
Du angenehmer Alsterfluss,
Du mehrest Hamburgs Seltenheiten
Und ihren fröhlichen Genuss.“

So sang es im 18. Jahrhundert der Dichter Friedrich von Hagedorn. War die Elbe Hamburgs Lebensstrom, so war die zu einem See aufgestaute Alster der Fluss für die „Lustbarkeiten“. Bereits vor der Reformation ergingen sich hier die Klosterjungfrauen des Johannisklosters von Harvestehude, und nachweislich im Jahre 1572 tagten in der Gartenwirtschaft des Pachthofes am Alsterufer der Bürgermeister und die Ratsherrn bei gedeckten Tischen.

Die Hamburger späterer Generationen mussten allerdings lange warten, ehe sie die herrlichen Alsterwiesen mit ihrem alten Baumbestand betreten durften. Sie waren in Privatbesitz und wurden erst zu Beginn der zweiten Hälfte des vorigen Jahrhunderts für alle freigegeben.

Das Wasser aber, das gehörte ihnen immer. Hier durften sie am Schwanenwik oder in der „Alsterlust“ baden und hier durften sie nach Herzenslust rudern, segeln oder paddeln. Die Familien zog es dabei mit dem Kanu hin zur Oberalster, die hinter Ohlsdorf durch eine der reizvollsten Landschaften Hamburgs fließt. Liebende bevorzugten den von der Außenalster abzweigenden Feenteich und verschwanden dort hinter den dicht herabhängenden Zweigen der Uferweiden. Ein Hamburger Gesangs-Duo, die Gebrüder Wolff, haben vor 1933 diese Alster-Lustbarkeit besungen:

„Hannes, zuckersüßer Hannes du,
Hannes, du hast das Paddeln raus.
Du steckst dein Paddel mit'n Swung so rein,
Hannes, das machst du wirklich fein."

„Honi soit qui mal y pense."

Kasper Puntschenelle

Es hat sie bereits im Mittelalter gegeben und sie waren, im Gegensatz zu Gauklern, Händlern und Liebesdienerinnen, die damals den Kreuzgang des Hamburger Marien-Doms in einen Jahrmarkt verwandelten, überall wohl gelitten: die hanseatischen Puppenspieler. Über Jahrhunderte erfreuten sie nicht nur die Kinder mit ihrem rotnäsigen Kasper, mit dem Dot und dem Düvel, dem Polizisten, der Großmutter, dem König und der Königin und schließlich mit dem gefräßigen Krokodil.

Sie waren noch zur Kaiserzeit und in den 20er und 30er Jahren des vergangenen Jahrhunderts so etwas wie die kleine Konkurrenz zu den großen Theatern, und dabei, was die Stücke anbelangt, noch erfindungsreicher als diese. An Straßenecken, in Höfen und in Parkanlagen bauten sie ihre Kasperbuden auf, und im Handumdrehen waren die kleinen Zuschauer da, um ihrem Kasper bei seinen gefährlichen Abenteuern mit viel Geschrei zur Seite zu stehen. Wobei Kasper natürlich immer alles, selbst das Schlimmste, überstand.

Wovon die Puppenspieler eigentlich lebten, wird wohl immer ein Geheimnis bleiben. Eintritt für ihre Vorstellungen durften sie nämlich nicht verlangen, und von den Pfennigen, die in einen neben der Bude liegenden Hut geworfen wurden, konnte eine Puppenspieler-Familie kaum satt werden.

Unerfreuliches gab es über die Leute vom Kasper Puntschenelle nie zu berichten, nur ein einziges Mal in der langen, langen Kasper-Zeit hat es für einen der Puppenspieler in Hamburg Ärger gegeben. Auslöser des Skandälchens, das zum Glück nicht zum Skandal wurde, war der allseits beliebte Kasper-Darsteller Rose. Im Jahre 1912 war das, und er stand mit seiner Bude am Spielbudenplatz auf St. Pauli. Was ihn damals bewegt

Beinahe wäre der „Intendant" des berühmten Hamburger Kasper-Theaters im Jahre 1912 wegen Majestätsbeleidigung im „Kittchen" gelandet, weil er den Kaiser und dessen Frau Auguste in sein Spiel einbezogen hatte. Aber Hamburgs Richter ließen dann Gnade vor Recht ergehen.

hat, den deutschen Kaiser in eines seiner Stücke einzubauen, das weiß keiner. Aber Rose hat es getan. Vom Kaiser wusste man, dass er mit seiner Frau Auguste gern und viel unterwegs war, per Bahn und mit dem Schiff. Und das nun nahm der unglückselige Puppenspieler zum Anlass, seinen Kasper laut und deutlich rufen zu lassen: „Auguste, pack die Koffern, Willem will verreisen."

Kein Zweifel: Das war Majestätsbeleidigung, und die Obrigkeit hatte mitgehört. Aber, zum Glück: Hamburgs Richter ließen Gnade vor Recht ergehen. Sie erkannten, dass Rose lediglich einen Tatbestand öffentlich gemacht hatte, den Kaiser aber nicht hatte verächtlich machen wollen. Rose hielt sich fortan raus aus der Politik und ließ seinen Kasper wieder wie vordem singen:

„Hest Lebberwust, hest Lebberwust, hest Lebberwust nich sehn, bi Köllisch in Bäckergang, dor smeckt se so scheun."

Rekordverdächtig

Es war vor mehr als einem halben Jahrhundert, als vor dem Eingang zu den St. Pauli-Landungsbrücken noch „Mutter Pingel“ aus der Taubenstraße in ihrem kleinen grünen Zeitungs-Kiosk saß, der ehemalige Bantamgewichts-Boxer „Hein Ei“ in der Brückenkneipe „Lütt un Lütt“ ausschenkte und unten im Ponton-Restaurant „Tante Martha“ ihre Speckschollen servierte. Als der für den Fährdienst zuständige Inspektor an den Brücken einen schwarzen Bowler trug, es an der Hafenstraße noch „Tante Hermine“ gab und Freddy Quinn in der „Washington-Bar“ entdeckt wurde.

Da gab es auch noch „Käpptn Brass“, wegen seiner unwirschen Art so genannt und als Schrecken aller Kellner des früheren großen Landungsbrücken-Restaurants bekannt. Wenn einer dieser Kellner ihn erspähte, wie er sich, schwergewichtig und schlurfend am Hafentor vorbei, dem Restaurant näherte, dann wusste dieser Kellner, dass es für ihn einen erwarteten frühen Feierabend heute nicht geben würde. Für Käpptn Brass nämlich schlug keine Stunde. Er war Seine Majestät, der Gast: „Ick go no Hus, wenn mi das passt.“

Seinen Platz hatte er in einer kleinen Nische in der Nähe der Eingangstür, und dort erwartete ihn meistens, auch schon über 80-jährig wie er, sein Freund Werner Müller. Ein kurzes „Moin“ vom einen, ein entgegnendes „Moin“ vom anderen. Dann standen auch schon die ersten Gläser mit dampfendem Grog auf dem Tisch. Andächtig rührten beide ein halbes Stückchen Zucker in die Mischung aus heißem Wasser und Rum und führten das Glas genüsslich an die Lippen.

Was beider Unterhaltung anbelangt, so sprachen sie ausschließlich über frühere Zeiten, davon, dass sich die Frauen nicht so liederlich angezogen und die Männer richtig gearbeitet hätten. „Na, und was sich die Jungen heutzutage erlauben, das hätten wir uns mal erlauben sollen." Und Seeleute, ließ sich der Käpptn vernehmen, seien auch nicht mehr das, was sie mal waren. „Uns hing früher die Haut von den Händen, wenn wir in die Wanten geklettert waren."

Und bei diesen hochgeistigen Gesprächen kam ständig Hochgeistiges auf den Tisch. Noch ein Rumgrog, noch ein Rumgrog und noch ein Rumgrog. „Den nächsten aber bitte heiß", meckerte der Kapitän, „ich hatte ja kein Eiswasser bestellt." – „Mein Grog ist aber heiß gewesen", mischte sich Werner Müller ein. „Du hast ja auch 'ne Hornhaut auf der Zunge und kannst deshalb heiß und kalt nicht mehr unterscheiden", grollte der Käpptn.

Dabei verrann die Zeit. Es wurde neun, es wurde zehn, es wurde elf und schließlich schlug es Mitternacht.

„La Puff, die Lokomotive", erklärte Werner Müller und zeigte wie immer mit diesem Satz an, dass sich der Abend dem Ende zuneigte. Dann hob er sein Glas und brüllte: „Es lebe das Leben von Sudermann und der Durst von Werner Müller." Das war nach Grog Nummer 16. Müller presste die Atemluft geräuschvoll durch die Lippen, den Käpptn hinderten nur sein vorgewölbter Bauch und die Tischkante vorm Abrutschen. Endlich dann, bei Nummer 18, hatte das geliebte Heißgetränk bei beiden Oberlippe und Unterkante erreicht. Nichts ging mehr.

Müller wurde in ein Taxi verfrachtet, den Käpptn aber mussten zwei Kellner nach Hause begleiten. Für die Wegstrecke von 300 Metern wurden dabei 30 Minuten veranschlagt. Und weil der Käpptn gegenüber vom Hafentor in der fünften Etage wohnte, dauerte der Aufstieg noch einmal eine halbe Stunde. Oben hatte sich Käpptn Brass dann schon wieder so weit erholt, dass er den Schlüssel ohne Zittern ins Türschloss schieben konnte. Ins Guinnessbuch der Rekorde sind beide nie eingetragen worden. Sie hatten sich auch nie darum bemüht.

Splitter …

EIN BÜSCHEN DIES UND DAS

Wo immer ein Plätzchen frei war, auf der Straße, im Hinterhof oder auf dem Spielplatz, da wurde in Hamburg gebolzt. Manchmal mit einem richtigen Fußball, oft mit einem Tennisball, aber auch mit einem zur Kugel geformten zerknüllten Stück Butterbrotpapier. Natürlich gab es schon den HSV, aber er stand damals noch gleichauf mit Clubs wie Eimsbüttel, Union, Concordia oder Paloma. Die Jungens, die da spielten, waren natürlich nicht mehr Franz und Friedrich, sondern verwandelten sich in Fritz Szepan und Kuzorra von Schalke 04, in Rudi Noack vom HSV oder aber in „Old Erwin". Den nannten sie auch den „Tank", weil er wie ein Panzer wirkte, wenn er den Ball die Außenlinie entlang trieb. „Old Erwin", von Beruf Ewerführer, war dabei mehr als ein Fußballer, er war lange Zeit so etwas wie eine Kultfigur. Bis ihm dann eines Tages ein anderer den Rang ablief: sein Sohn, Uwe Seeler.

Hamburg hat keinen Zoo, so sagt man, Hamburg hat „Hagenbeck". „Und das ist kein Eigenname", wusste der Schriftsteller Carl Zuckmayer, „das ist wie Alaska oder der Wilde Westen, Ausdruck für ein unerforschtes, geheimnisvolles Land, in das man sich sehnt als in die Erfüllung eines Abenteuers." Na ja, und Tiere natürlich hat Hagenbeck, und tierisch geht es manchmal nicht nur in den Freigehegen und Käfigen, sondern auch im privaten Bereich der Hagenbecks zu. So war Gründerenkel Carl Heinrich eng befreundet mit dem Hamburger Journalisten Günter Niemeyer. „Archibald", wie man ihn im Tierpark nannte, hatte hier viele Jahre als Pressechef auch für den zooeigenen Zirkus gearbeitet, wurde jedes Jahr zum großen Straußenei-Essen eingeladen und ganz selbstverständlich war, dass Tierparkchef und Journalist immer dann, wenn ein Geburtstag anstand oder der Jahreswechsel, zum Telefonhörer griffen, um einander Glück zu wünschen. Und dabei eben wurde es tierisch. Beide übermittelten ihre Wünsche nämlich nicht in deutscher Sprache, sondern mit dem kehligen Liebesruf der Paviane. Unübersetzbar und verständlich nur für Carl Heinrich, Archibald – und die Affen.

Als zu Beginn der 70er Jahre gegenüber vom Dammtor-Bahnhof das neue Plaza-Hotel erbaut wurde, erklärte der amerikanische Innenarchitekt anlässlich einer Vorbesichtigung einem Hamburger Reporter, dass man das große Restaurant im englischen Stil einrichten werde. „Denn die Hanseaten", meinte der Mann aus New York, „gelten ja als ausgesprochen anglophil." Das aber wollte der Reporter so nicht gelten lassen. „Eine gute Verbindung zu England", erwiderte er, „lässt sich zwar nicht leugnen, aber sie darf auch nicht überbewertet werden." Da blickte ihn der Amerikaner mit verschmitztem Lächeln an und sagte: „Wenn ich mir zum Beispiel Sie so betrachte, dann weiß ich nicht so recht. Sie tragen ein Harris-Tweed-Jackett und dazu eine englische Club-Krawatte. Außerdem rauchen Sie englischen Tabak aus einer englischen Dunhill-Pfeife."

Ja, manch Hamburger weiß eben gar nicht, wie englisch er ist.

Weitere Bücher aus dem Wartberg Verlag für Ihre Region

Hamburg - Tage, die die Stadt bewegten
von Horst Wisser
64 Seiten, gebunden,
Großformat,
zahlr. S/w-Fotos
(ISBN 3-8313-1496-9)

Der Hamburger Hafen - Fotografien von gestern und heute
von Jan Roewer
72 S., geb., zahlr. Farb- und
S/w-Fotos, deutsch/englisch
(ISBN 3-8313-1592-2)

Hamburg – Gestern und heute Eine Gegenüberstellung
von Horst Wisser und Karin Kiemer
60 Seiten, gebunden,
zahlreiche Farb- und S/w-Fotos
(ISBN 3-86134-407-6)

Bitte weiter durchgehen! Geschichten und Anekdoten aus dem alten Hamburg
von Gerhard Schöttke
80 Seiten, gebunden,
zahlreiche S/w-Fotos
(ISBN 978-3-8313-1809-4

Hamburg ... neu entdecken
von Heike Barnitzke,
48 Seiten, gebunden,
zahlreiche Farbfotos
(ISBN 3-86134-260-X)

Hamburg – Bewegte Zeiten – Die 50er Jahre
Historische Fotografien,
von Mathes Rehder,
72 Seiten, gebunden, zahlr. S/w-Fotos
(ISBN 3-8313-1363-6)

Wartberg Verlag GmbH & Co. KG
Bücher für Deutschlands Städte und Regionen
Im Wiesental 1 · 34281 Gudensberg-Gleichen · Telefon (0 56 03) 9 30 50
Fax (0 56 03) 30 83 · www.wartberg-verlag.de